Eva Hauck & Claudia Huboi

À PETITS POINTS

COUTURE, BRODERIE, TRICOT, CROCHET…
AVEC LES ENFANTS

éditions la plage

Pour être tenu au courant de nos publications, envoyez vos coordonnées à :
La Plage – 8, rue du Parc – 34200 Sète
edition@laplage.fr
www.laplage.fr

ISBN 978-2-84221-245-2

Stylisme et texte : Eva Hauck et Claudia Huboi
Photographies : Uli Staiger, sauf couverture
(plat 1 – photo milieu bas) et (plat 4 – photo haut) : iStockphoto.
Conception graphique, couverture : David Cosson-dazibaocom.com
Mise en pages, intérieur : Valérie Ferrer
Correction : Clémentine Bougrat
Traduit de l'allemand par Stéphanie Alglave

Imprimé sur du papier issu de forêts gérées durablement, à Barcelone, sur les presses de Beta (ES) imprimeur labellisé pour ses pratiques respectueuses de l'environnement.

SOMMAIRE

Coudre

Feutrer

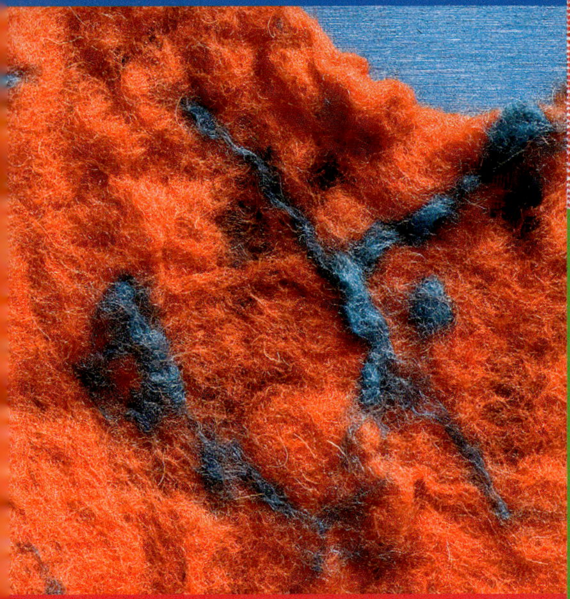

Teindre

Effilocher

Nouer

Tricoter

Tisser

Broder

Ajourer

AMUSE-TOI BIEN !

DES CHOSES ET D'AUTRES

DÉCHIRER ET DÉCOUPER

Le tissu est presque aussi facile à découper que le papier. Pour cela, il faut avoir de bons ciseaux, bien aiguisés. Mieux vaut les utiliser uniquement pour couper le tissu, sinon ils s'émoussent rapidement.

On trouve dans les merceries d'excellentes paires de ciseaux, mais elles sont souvent trop grandes pour des petites mains. Les ciseaux à broder, faciles à manier, bien aiguisés et pointus, sont en revanche bien adaptés aux enfants.

Les ciseaux crantés permettent de découper les bords d'un tissu en dents de scie. C'est non seulement joli mais aussi pratique, car les bords du tissu s'effilochent alors moins facilement.

Comme avec le papier, tu peux découper des formes dans un tissu. Il suffit de replier plusieurs fois un morceau de tissu sur lui-même et de découper des triangles ou des demi-cercles au niveau des plis. En dépliant le tissu, tu verras apparaître les formes que tu as découpées.

Beaucoup de tissus peuvent être déchirés, notamment le coton léger. La meilleure manière de déchirer un tissu consiste à faire d'abord une petite fente avec des ciseaux, puis à tirer d'un coup sec de chaque côté de la fente, avec les deux mains. Cela fonctionne souvent mieux dans un sens que dans l'autre. Il faut faire un essai.

DES SACHETS SURPRISE

MATÉRIEL
Feutrine
Perforeuse
Rubans ou lacets
Ciseaux

RÉALISATION

- Découpe des carrés de feutrine de différentes tailles. La surprise que tu vas emballer doit tenir facilement au centre d'un carré.

- Avec ta perforeuse, perce ensuite un trou dans chaque coin des carrés.

- Passe un ruban coloré dans un trou, fais un nœud et pose la surprise au centre du carré de feutrine. Rapproche les quatre coins du carré en les soulevant, fais passer le ruban à travers tous les trous et ferme le paquet en nouant le ruban.

DÉCHIRER ET DÉCOUPER

Des animaux fabuleux

MATÉRIEL

Carrés-éponges et chiffons
Ciseaux
Perforeuse ou emporte-pièce
Colle universelle

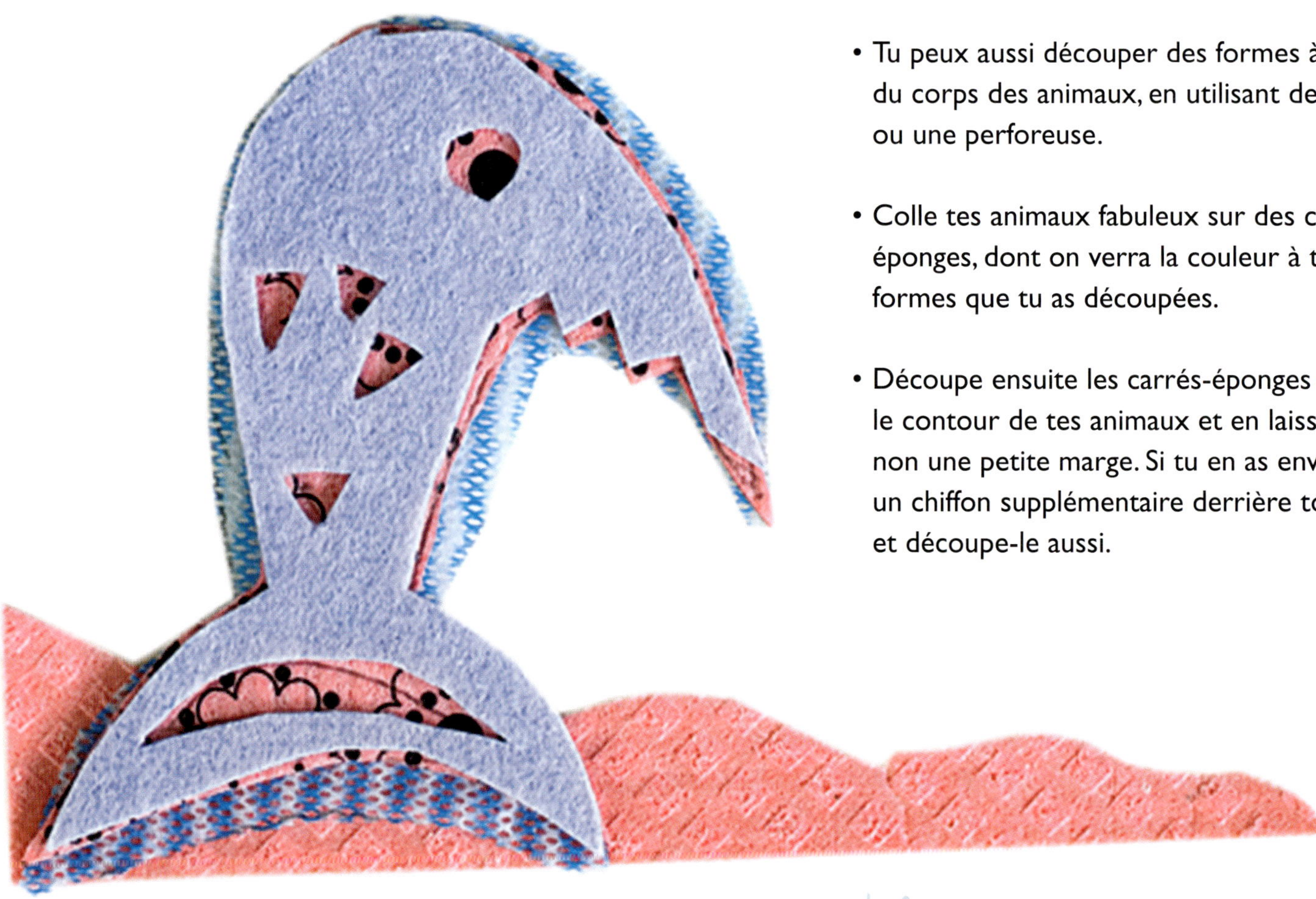

RÉALISATION

- Découpe des animaux fabuleux dotés d'un bec, de griffes, d'ailes et d'écailles dans des tissus assez épais. Les carrés-éponges et les chiffons de ménage sont souvent colorés. Ils ne s'effilochent pas et sont faciles à découper et à coller.

- Tu peux aussi découper des formes à l'intérieur du corps des animaux, en utilisant des ciseaux ou une perforeuse.

- Colle tes animaux fabuleux sur des carrés-éponges, dont on verra la couleur à travers les formes que tu as découpées.

- Découpe ensuite les carrés-éponges en suivant le contour de tes animaux et en laissant ou non une petite marge. Si tu en as envie, colle un chiffon supplémentaire derrière ton animal et découpe-le aussi.

BON À SAVOIR

Tu trouveras des conseils sur la façon de coller tes animaux page 17.

COLLER

Tu peux coller du tissu sur du tissu, du tissu sur du papier, du papier sur du tissu, ou encore du tissu sur du bois, du verre ou du métal. Il faut employer la colle appropriée.

En général, la colle universelle (transparente) suffit, mais elle passe à travers le tissu et laisse des traces visibles. Il vaut donc mieux n'en utiliser que quelques gouttes. De plus, le tissu peut durcir aux endroits où il a été collé et devenir rigide au toucher.

Pour éviter cela, tu peux employer de la colle spéciale pour tissus, de préférence adaptée aux enfants, c'est-à-dire qui n'irrite ni la peau ni les yeux. C'est indiqué sur le tube. Une colle en bâton de bonne qualité permet d'assembler du papier et du tissu.

Tu peux aussi assembler deux morceaux de tissu grâce à du film thermocollant double-face. L'avantage est qu'il consolide les bords du tissu et l'empêche de s'effilocher. Fais d'abord adhérer l'un des morceaux de tissu sur la face brillante du film thermocollant, à l'aide d'un fer à repasser. Retire ensuite le papier de protection du film thermocollant et colle dessus le deuxième morceau de tissu, avec ton fer à repasser. Suis toujours les indications du fabricant.

UN JEU DE MEMORY

MATÉRIEL

Feutrine d'environ 4 mm d'épaisseur
Chutes de tissu
Colle pour tissus
Ciseaux et perforeuse

RÉALISATION

- Découpe des petits carrés de feutrine. Ils doivent tous avoir les mêmes dimensions, afin qu'ils se ressemblent de dos.

- Découpe différents motifs dans les chutes de tissu et colle-les sur les carrés de feutrine, de façon à obtenir des paires de carrés avec des motifs identiques. Ces derniers peuvent être des triangles, des ronds, des carrés, des fleurs…

- Retourne ensuite tous les carrés et mélange-les : tu peux maintenant jouer au memory !

Jeu de memory :
Noé, 7 ans ▶

Trois Évêques

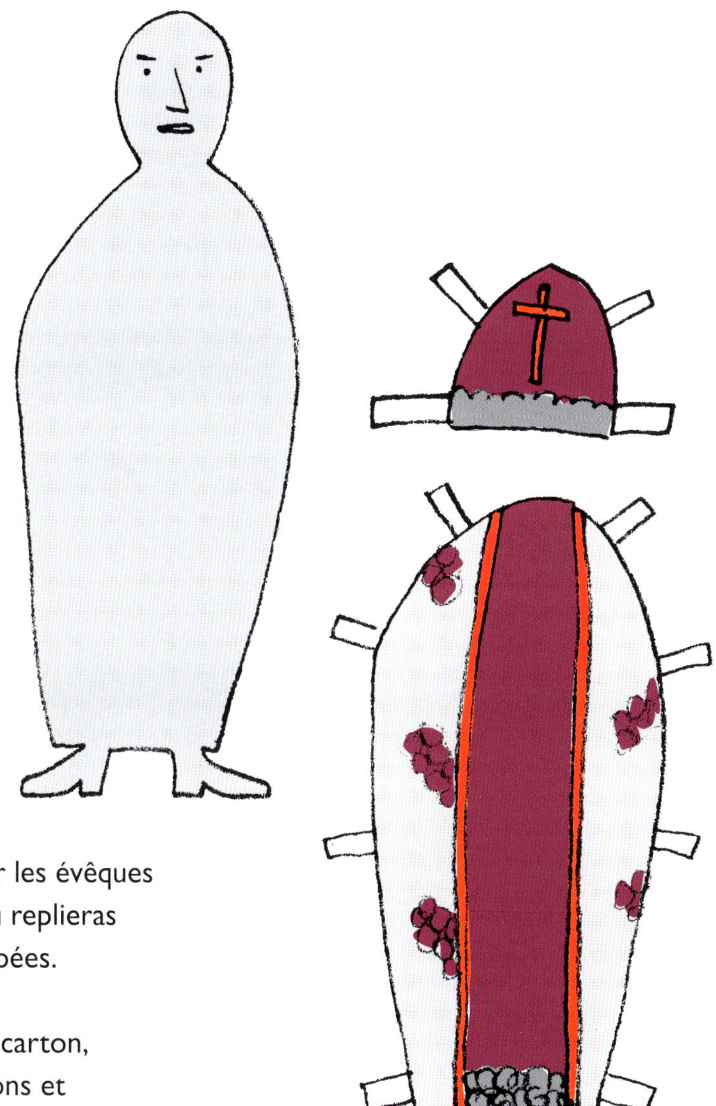

MATÉRIEL
Carton
Papier épais
Chutes de tissu
Colle pour tissus ou colle en bâton
Rubans et galons
Stylo-feutre fin
Boutons
Ciseaux

Ces trois évêques peuvent échanger leurs habits de fête, car sous leurs magnifiques tenues se cachent des poupées destinées à être habillées.

RÉALISATION
- Découpe dans du carton les évêques, avec ou sans bras.
- Pose le carton sur une feuille de papier épais et trace les contours des personnages sur le papier.
- Tu peux maintenant dessiner les vêtements de ton choix sur les évêques en papier, en prévoyant six à huit languettes sur les côtés. Tu replieras ensuite ces languettes pour fixer les vêtements sur les poupées.
- Découpe les vêtements et colle-les sur les personnages en carton, puis décore-les avec des bouts de tissu, des rubans, des galons et des boutons.

◀ Évêques : Timothée, 13 ans

EFFILOCHER ET AJOURER

Les tissus sont constitués de fils croisés ou de boucles entrelacées. Les tricots par exemple se composent de boucles imbriquées les unes dans les autres. C'est aussi le cas des tissus pelucheux.

Si tu observes un tissu, tu pourras voir de nombreux fils entrecroisés. C'est encore plus visible quand le tissu est grossier. Les fils verticaux sont appelés « fils de chaîne » et les fils horizontaux « fils de trame ». Si tu tires sur l'un d'eux, il se détachera du tissu. Cette technique permet de réaliser de jolis motifs.

RANGÉE 1 : Ici, tu peux voir un carré découpé avec des ciseaux. Les tissus découpés s'effilochent facilement : plus l'étoffe est grossière, plus elle s'effiloche. C'est un inconvénient mais aussi un avantage, car tu peux ainsi créer une petite bordure à frange : pour cela, il suffit d'enlever quelques fils sur le bord du tissu.

RANGÉES 2 ET 3 : Tu peux aussi enlever des fils au centre d'un tissu pour modifier sa structure. Commence par retirer quelques fils disposés dans le même sens. Ensuite, enlève des fils perpendiculaires aux premiers. Tu crées ainsi un quadrillage avec des fenêtres. Remarques-tu que le tissu a perdu de sa rigidité ?

Une fois que tu as compris le principe, tu peux faire de grandes ou de petites ouvertures dans un tissu et ainsi former différents motifs.

BON À SAVOIR

Découvre d'autres manières de tisser à partir de la page 154.

UN PETIT TRAIN

MATÉRIEL
Papier
Tissu grossier
Stylo-feutre fin
Colle en bâton
Ciseaux

EFFILOCHER ET AJOURER

Le tissu utilisé pour ce train a été ajouré. Il comporte donc des fenêtres et des motifs quadrillés qui laissent voir les papiers et dessins collés derrière.

RÉALISATION

- Procède dans l'ordre : commence par dessiner sur du papier une locomotive et des wagons de marchandises, de passagers ou à charbon.

- Découpe ensuite des morceaux de tissu aux dimensions des wagons et retire quelques fils pour créer des jours.

- Colle les morceaux de tissu sur les wagons en papier.

- Pour finir, colle des roues par-dessus et relie les différents wagons du train à l'aide de bandelettes de tissu.

TORDRE ET ENTORTILLER

DES OBJETS EN FIL ENTORTILLÉ

MATÉRIEL

Fil de fer pour plantes ou fil de fer plastifié
Bande de papier
Ciseaux
Pince coupante
Colle en bâton

RÉALISATION

- Plie d'abord ton fil de fer pour lui donner la forme souhaitée. Pour le papillon, façonne un corps avec deux antennes et quatre ailes. La libellule possède aussi un corps et quatre ailes, beaucoup plus fines que celles du papillon. Le cœur peut être fabriqué à partir d'un seul morceau de fil de fer. La souris possède un corps, une tête avec des oreilles formées par une boucle de fil de fer, quatre pattes et une queue composée d'un long morceau de fil recourbé.

- Enroule étroitement la bande de papier autour du fil de fer et fixe ses extrémités en te servant du bâton de colle. Pour que le papillon soit plus joli, tu peux utiliser plusieurs couleurs pour ses ailes.

Papillon : Zoé, 9 ans
Libellule : Max, 11 ans
Cœur : Pauline, 9 ans ▶

FEUTRER DANS LA MACHINE À LAVER

Est-ce qu'il t'est déjà arrivé qu'un pull-over qui t'allait bien avant d'être lavé sorte de la machine trop petit, plus épais et plus raide qu'avant ?

Cela signifie que le pull a été lavé à trop haute température et essoré trop fort. La laine a rétréci et s'est amalgamée pour former un tissu dense.

C'est le principe du feutrage : les fibres fines de la laine s'enchevêtrent à cause de la chaleur, du mouvement et de la lessive, pour constituer un tissu épais. Il n'est plus possible de porter un vêtement qui a feutré, mais il peut être utilisé pour réaliser des objets. En effet, on peut découper à volonté le tissu feutré, car ses bords ne s'effilochent pas. En outre, il peut être collé ou cousu et il est souple.

Tu peux d'ailleurs faire feutrer volontairement des tissus dans la machine à laver. Il suffit de prendre de vieux pull-overs que plus personne ne veut mettre, de les laver à 60 °C puis de les laisser sécher. Tu obtiendras un tissu feutré et doux. Attention, le pull doit être 100 % pure laine, sinon il ne feutrera pas correctement.

BON À SAVOIR

Tu découvriras page 65 des pochettes faites avec des tissus feutrés dans la machine à laver. À partir de la page 206, tu apprendras comment faire feutrer de la laine cardée à la main.

FEUTRER DANS LA MACHINE À LAVER

Des chenilles

MATÉRIEL

Pull en laine feutré dans la machine à laver
Laine ou raphia
Boutons
Coton ou ouate de rembourrage
Ciseaux
Colle universelle
Aiguille à broder à bout rond

RÉALISATION

- Ces chenilles sont faites à partir de manches de pulls feutrés. Découpe ta manche sous l'épaule.

- À l'aide d'une aiguille à broder émoussée, enfile un fil de laine ou du raphia dans une des extrémités de la manche, de préférence celle que tu viens de découper. Fais attention à ne pas coudre les deux épaisseurs de tissu ensemble. Avec ton aiguille, travaille toujours vers le haut et vers l'arrière, comme pour le point droit (voir page 34). Attache ensemble les deux extrémités du fil de laine ou de raphia, en serrant au maximum, pour fermer la manche.

- Remplis ensuite ta manche avec un peu de coton ou de ouate, puis refais passer un fil de laine dans la manche pour la resserrer. Ajoute encore un peu de ouate et continue de la même manière, pour créer les articulations du corps de ta chenille. Tu peux faire paraître les articulations plus ou moins arrondies en fonction de la quantité de ouate que tu y introduis et de l'emplacement de ton fil de laine. Une fois arrivé à l'autre extrémité de la manche, referme-la aussi avec un fil de laine.

- Enfin, décore la tête de ta chenille en cousant ou en collant des boutons, du raphia ou des petits morceaux de tissus.

Grosse chenille de gauche :
Noé, 7 ans ▶

COUDRE

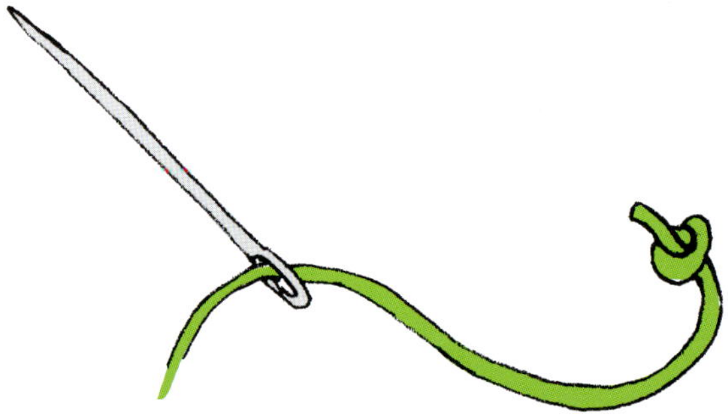

NOUER L'EXTRÉMITÉ D'UN FIL : Pour commencer, fais passer le fil à travers le chas d'une aiguille. Fais un nœud à l'une de ses extrémités pour qu'il ne puisse pas glisser à travers le tissu.

LE POINT DROIT : Ce point très simple se fait de la droite vers la gauche pour un droitier ou en sens inverse pour un gaucher. Il faut passer l'aiguille du dessous vers le dessus du tissu. Le mouvement est ensuite le suivant : dessus-dessous-dessus-dessous. Avec un peu d'habitude, tu feras passer ton aiguille deux fois en un seul mouvement à travers le tissu, comme sur le dessin. Le point droit permet d'assembler rapidement deux épaisseurs de tissu, mais il n'est pas aussi solide que le point arrière par exemple.

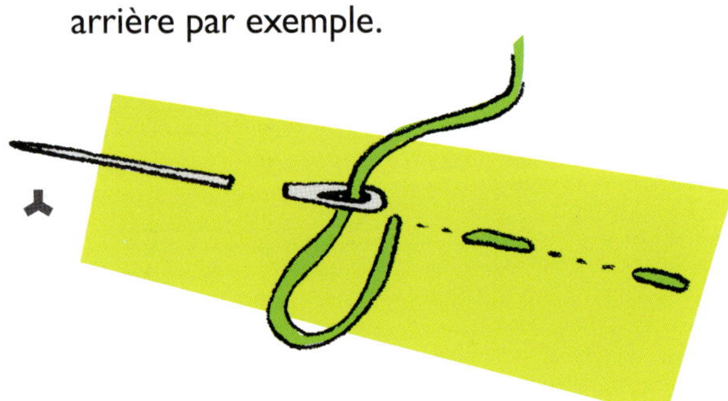

ARRÊTER UNE COUTURE : Pour éviter qu'une couture ne se défasse, il faut l'arrêter. Pour cela, passe ton aiguille plusieurs fois à travers les derniers points du tissu, sur l'envers et dans tous les sens, sans la faire repasser sur l'endroit. Ensuite, il suffit de couper le fil.

LE POINT ARRIÈRE : C'est le point le plus important, celui qui rend les coutures le plus solides. Il se fait de la droite vers la gauche. Il faut d'abord piquer l'aiguille vers le bas, puis vers le haut, ½ cm en avant. Pique ensuite ton aiguille vers le bas, directement à côté du dernier point, puis repasse-la en haut, 1 cm en avant. Pique de nouveau l'aiguille ½ cm en arrière, à côté du dernier point, et ainsi de suite. Cela semble compliqué, mais en réalité, c'est simple ! Regarde bien le dessin.

SURFILER LE BORD D'UN TISSU : Pour éviter que le bord d'un tissu ne s'effiloche, tu peux le découper à l'aide de ciseaux crantés (voir page 10). Il vaut cependant mieux le coudre à l'aide de gros points, c'est-à-dire le surfiler. Si tu couds à la main, utilise pour cela des points de surjet (voir page suivante). Si tu couds à la machine, fais des points zigzag (voir page 53).

… À LA MAIN

* 

✱ LE POINT DE SURJET : Il permet de réunir les bords de deux pièces de tissu. On l'utilise quand les tissus sont très épais ou si on veut réunir deux morceaux de cuir, de papier… Il consiste à coudre du dessous vers le dessus, à passer ensuite l'aiguille et le fil par-dessus le bord des tissus pour les ramener en dessous, puis à piquer de nouveau vers l'endroit. Tous les points doivent être réalisés en travers et rapprochés.

✚ LE POINT DE BOUTONNIÈRE : Lui aussi permet de consolider les bords d'un tissu. Il faut piquer l'aiguille de l'envers du tissu vers l'endroit. Ensuite, il faut faire passer le fil sous l'aiguille comme le montre le dessin, afin de faire une boucle, et tirer l'aiguille à travers la boucle. Puis, il faut de nouveau piquer de l'envers du tissu vers l'endroit, repasser le fil sous l'aiguille pour faire une boucle et ainsi de suite.

✚ 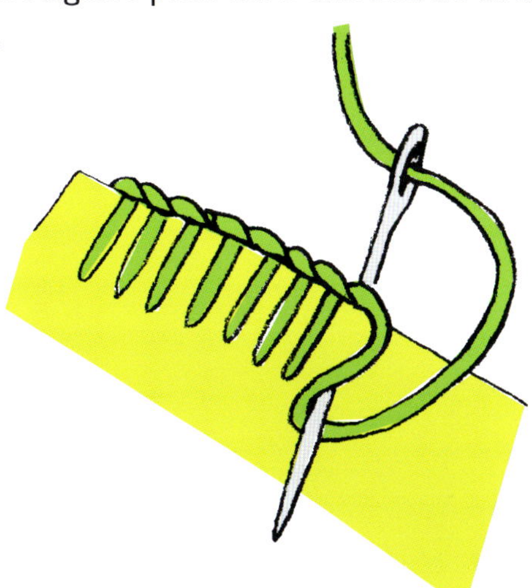

✖ ENDROIT ET ENVERS : L'endroit et l'envers du tissu sont des notions importantes dans le domaine de la couture. L'endroit est le côté extérieur visible du tissu. L'envers est son côté intérieur. Sur les tissus à motifs, c'est facile à reconnaître. Le côté qui comporte les motifs les plus apparents est l'endroit, l'autre côté est l'envers. C'est important de le savoir, car quand on fait de la couture, on trouve souvent des instructions telles que « endroit contre endroit » ou « envers contre envers ». « Endroit contre endroit » signifie que deux couches de tissu sont placées l'une contre l'autre de façon que les deux endroits soient en contact. Au contraire, « envers contre envers » signifie que les deux endroits sont tournés vers l'extérieur.

✖ 

envers contre envers

endroit contre endroit

Jeu des sept familles

MATÉRIEL

Feutrine
Chutes de tissu
Carton
Colle universelle
Fil à broder
Aiguille à broder
Ciseaux

RÉALISATION

- Découpe vingt-huit rectangles de carton d'environ 6 x 9 cm. Toutes les cartes doivent avoir un dos identique, sinon il constituerait un indice.

- Découpe ensuite des rectangles de feutrine de mêmes dimensions que ceux de carton : il en faut quatre identiques par famille.

- Pour décorer les cartes, découpe des formes simples dans des tissus décoratifs et couds-les à la main sur les rectangles de feutrine. Utilise par exemple le point droit ou le point arrière, décrits page 34. Si tu en as envie, tu peux aussi coudre des motifs à l'aide de fils de couleur.

- Enfin, colle les morceaux de feutrine sur les rectangles de carton.

Jeu des sept familles : Khadidja et Floriane, 8 ans ▶

◀ Jeu des sept familles : Marie, 12 ans, Sophie, 13 ans et Khadidja, 8 ans

Des poupées dégingandées

MATÉRIEL

Chutes de tissu
Fil à coudre
Aiguille à coudre
Ouate de rembourrage
Ciseaux

RÉALISATION

- Chaque poupée possède une tête, un buste, deux bras et deux jambes constituées d'une cuisse et d'un mollet. Pour chaque partie du corps, il faut deux morceaux de tissu de mêmes dimensions : le devant et le derrière. Tu as donc besoin au total de seize morceaux de tissu pour faire une poupée. C'est toi qui choisis sa taille, la longueur de ses jambes et de ses bras. Ta poupée sera vraiment unique. N'oublie pas de prévoir 1 cm de marge autour de chaque morceau de tissu.

- Pose les morceaux de tissu envers contre envers, c'est-à-dire que leur plus beau côté doit être visible devant et derrière (voir page 35). À l'aide d'un point arrière, couds ensemble les paires de morceaux de tissu, le long de leurs bords, en laissant une ouverture pour le rembourrage.

- Remplis les différentes parties du corps de ta poupée avec de la ouate de rembourrage, puis couds les ouvertures à la main.

- Une fois que tu as terminé toutes les parties du corps, tu peux les coudre ensemble.

BON À SAVOIR

Pour faire le visage de ta poupée, décore le devant de la tête avant de le coudre sur l'arrière.

▲ Poupées : Lena, 9 ans, Guilhem, 10 ans et Camille, 10 ans

Des boutons personnalisés

MATÉRIEL

Boutons avec des trous ou une boucle sur le dessous
Chutes de tissu
Bandes de feutre
Ruban, galon, dentelle…
Capsules de bouteille, bouchons de liège
Fil à coudre, aiguille à coudre, ciseaux

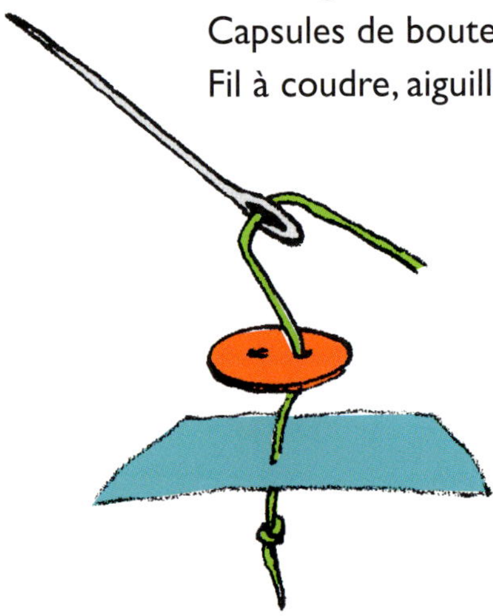

La plupart des boutons ont deux ou quatre trous, mais il en existe aussi avec une boucle sur le dessous.

RÉALISATION

COUDRE DES BOUTONS :

- Pour coudre un bouton qui comporte des trous, fais un nœud à l'extrémité de ton fil puis passe ton aiguille à travers l'envers du tissu et l'un des trous du bouton. Passe ensuite l'aiguille et le fil au-dessus du bouton, puis dans un autre trou et dans le tissu qui est en dessous.
- Recommence ainsi plusieurs fois. Pour finir, enroule plusieurs fois le fil à coudre autour du fil situé entre le dessous du bouton et le dessus du tissu. Pique une dernière fois ton aiguille vers le dessous du tissu et arrête la couture.
- Si le bouton a quatre trous, fais des points parallèles ou croisés. Avec un bouton qui comporte une boucle sur le dessous, fais passer ton fil plusieurs fois à travers la boucle.

DÉCORER DES BOUTONS :

- Il existe des boutons spéciaux sur lesquels il est possible de coller proprement un tissu décoratif. Mais tu peux aussi décorer des boutons munis d'une boucle (ou bien des capsules de bouteille, ou des bouchons de liège).
- Il suffit de découper un carré de tissu dont les côtés mesurent environ 1 cm de plus que le diamètre de ton bouton.
- Couds ensuite les bords du carré de tissu à l'aide d'un point droit espacé. Pose le bouton tête en bas au centre du tissu, puis tire sur la couture de ton carré pour bien ajuster ce dernier et arrête la couture.
- Tu peux aussi décorer des boutons en les peignant ou en les brodant.

CRÉER DES BOUTONS :

- Pour créer des boutons en forme d'étoile, empile des petits morceaux de ruban en les croisant et couds un bouton par-dessus.
- Tu peux aussi enrouler des bandes de feutre sur elles-mêmes pour réaliser des boutons décoratifs. Tu fixeras les rouleaux à l'aide de quelques points faits à la main, qui devront passer à travers toutes les épaisseurs. Tu peux faire pareil avec des rubans ou des galons et broder les rouleaux ou coudre dessus de petites décorations.

Aline, Louise et Khadidja, 8 ans,
Marie et Carla, 12 ans ▶

⊙ PATRON ET SURPLUS DE COUTURE : Le morceau de tissu que tu vas coudre doit être découpé avec soin. Pour cela, tu peux réaliser un patron en papier, que tu fixeras sur l'envers du tissu à l'aide d'épingles. Marque ensuite légèrement ses contours sur le tissu, à l'aide d'un crayon à papier ou d'un crayon-craie spécialement conçu pour les tissus.

⅄ Sur le dessin, tu peux voir une bordure rayée de rouge. Il s'agit du surplus de couture. Cette marge empêche de coudre le tissu trop près de sa bordure, ce qui pourrait arracher le tissu et défaire la couture.

Pour faire le surplus, tu dois prévoir une marge tout autour de ton morceau de tissu. Compte 1 cm si tu travailles un tissu fin ou un petit objet. Prévois de 1,5 à 2 cm si le tissu est épais ou qu'il s'effiloche facilement.

En général, le surplus de couture est raccourci une fois le tissu cousu, et les coins sont légèrement coupés en biais. Les couturières disent alors qu'elles « réduisent les rentrés ».

FAIRE UNE COUTURE SIMPLE : Derrière cette expression se cache une technique importante, qui permet de faire une couture dont les points seront invisibles. Nous allons te donner l'exemple d'une pochette afin que tu comprennes de quoi il s'agit.

✚ Pour la réaliser, il te faut deux rectangles de tissu, que tu coudras endroit contre endroit, c'est-à-dire que les endroits des deux tissus seront placés l'un contre l'autre et que les envers seront tournés vers l'extérieur (voir page 35). Laisse ouvert l'un des petits côtés : ce sera l'ouverture de la pochette.

QUELQUES ASTUCES

○ Une fois que tu as fini de coudre et que tu as légèrement réduit les rentrés de couture, retourne la pochette en passant par l'ouverture. Maintenant, l'endroit des tissus est tourné vers l'extérieur et les coutures, placées à l'intérieur, sont invisibles.

✖ LE RENTRÉ DOUBLE : Pour que les bords visibles d'un tissu paraissent bien nets, tu peux les replier deux fois. Tes marges de couture doivent faire 2 ou 3 cm. Replie-les deux fois, puis couds-les solidement. Avec le rentré double le bord du tissu ne peut pas s'effilocher, puisqu'il est pris dans la couture.

LE TUNNEL : En couture, le « passage » à travers lequel on enfile un ruban ou un cordon s'appelle un tunnel. Le plus simple, pour réaliser un tunnel, est de coudre une bande de tissu large sur ton étoffe : il faut coudre le bord supérieur et le bord inférieur de la bande sur ton tissu.

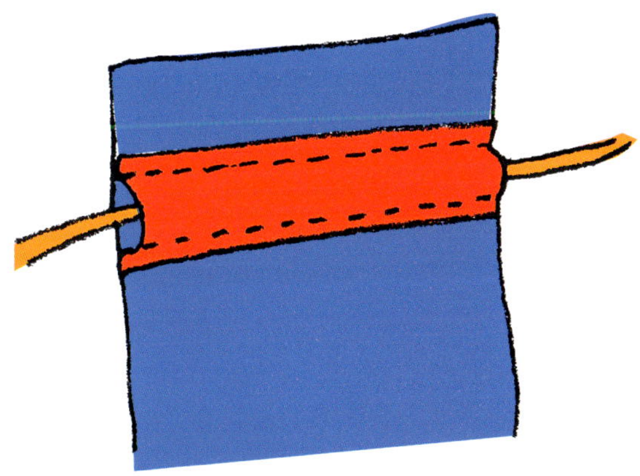

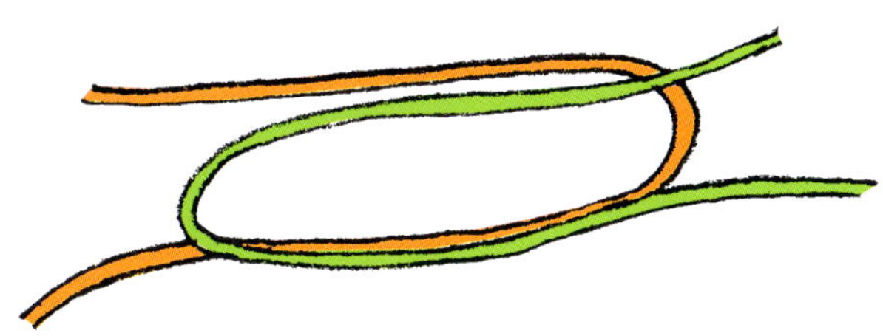

▲ Tu peux disposer de cette manière deux rubans dans les tunnels d'une pochette. Pour refermer la pochette, noue les extrémités des rubans et tire dessus.

QUELQUES ASTUCES

UN PETIT SAC EN TISSU

MATÉRIEL

Tissu
Ruban pour paquets-cadeaux
Aiguille à coudre
Fil à coudre
Fil à broder
Cordon
Perles
Épingles
Ciseaux

RÉALISATION

- Pour réaliser ce petit sac, il te faut deux rectangles de tissu (le devant et le dos). Prévois un surplus de couture de 2 cm sur le bord supérieur des rectangles (sur un petit côté) et de 1 cm sur les trois autres bords.

- Sur les surplus de couture de 2 cm, fais un rentré double. Cette technique est décrite page 43.

- Assemble ensuite les deux rectangles en faisant une couture simple. Les morceaux de tissu doivent être placés endroit contre endroit. Pour savoir comment procéder, reporte-toi aux pages 42 et 43.

- Pour la fermeture, couds au point droit (voir page 34) un fil à broder sur le bord supérieur du sac. Fais des points plutôt larges et espacés (comme sur la grande photo), et noue des perles aux extrémités du fil.

- Tu peux aussi, comme sur la petite photo, coudre un tunnel (voir page 43), en ruban pour paquets-cadeaux par exemple. Dans ce cas, fais-le avant d'assembler le devant et le dos du sac. Enfile un fil à broder à travers ton tunnel et noue des perles à ses extrémités.

BON À SAVOIR

Tu peux coudre ton sac à la main, mais aussi à la machine (voir page 50).

QUELQUES ASTUCES

Un vide-poches

MATÉRIEL

Film à bulles
Feuilles de papier de soie de paille
Fil à coudre
Aiguille à coudre
Épingles
Ciseaux

Comme tu peux le voir, il est possible de coudre d'autres matériaux que du tissu. Ce vide-poches est composé de soie de paille (un papier japonais que l'on trouve dans les magasins de loisirs créatifs) et de film à bulles.

RÉALISATION

- Ce vide-poches comporte quatre côtés, chacun composé d'une couche de papier de soie de paille et d'une couche de film à bulles. Il faut donc que tu découpes au total huit rectangles de mêmes dimensions : quatre dans du papier de soie et quatre dans du film à bulles. Le fond du vide-poches est constitué d'un carré de film à bulles dont les côtés correspondent à la largeur des rectangles.

- Pour réaliser les côtés du vide-poches, épingle un rectangle de papier de soie de paille et un rectangle de film à bulles envers contre envers (voir page 35) et assemble-les le long d'un de leurs petits côtés, avec un point arrière. Cette bordure cousue constituera le bord supérieur du vide-poches et sera repliée. Fais pareil avec les autres rectangles.

- Couds ensuite chaque côté du vide-poches sur le fond. Tu obtiendras une sorte de croix.

- Relève les côtés, épingle-les bord à bord et couds-les ensemble. Tu as devant toi un parallélépipède ouvert. Pour finir, replie les bords supérieurs.

Vide-poches :
Léo, 7 ans ▶

BON À SAVOIR

Tu trouveras une variante du vide-poches page 58.

QUELQUES ASTUCES

UN VILLAGE

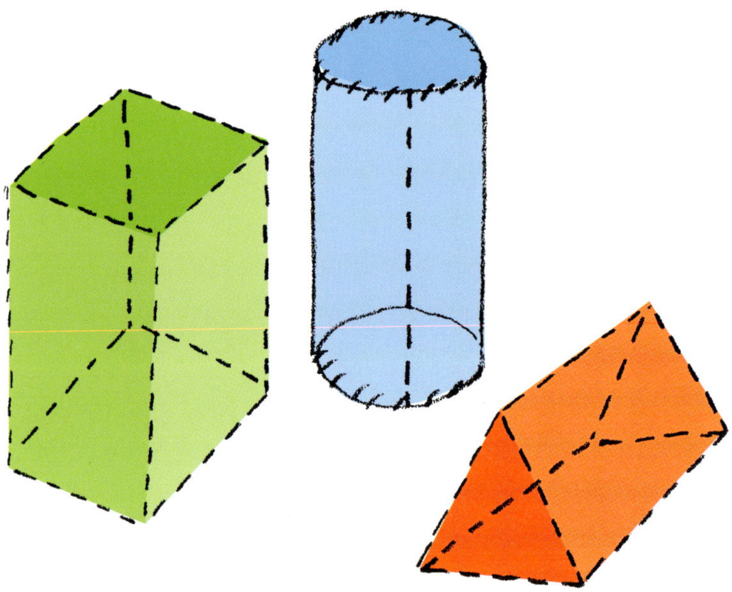

TRAVAIL DE GROUPE

MATÉRIEL

Chutes de tissu, fil à coudre, aiguille à coudre
Litière pour oiseaux ou riz pour le rembourrage
Perles, épingles, ciseaux

RÉALISATION

- Des tissus de forme géométrique permettent de créer des maisons et des villages. Tu peux les coudre endroit contre endroit en faisant une couture simple (voir pages 42 et 43), afin que les coutures soient invisibles. Tu peux aussi les coudre envers contre envers pour que les bords du tissu et les coutures soient visibles.

- Les dessins te permettront de comprendre comment sont constituées les maisons. Choisis la taille et les tissus de chacune des tiennes. Si tu veux coudre des fenêtres et des portes sur les façades, fais-le en premier, avant d'assembler les maisons.

- Ensuite, assemble toutes les pièces de tissu en les cousant bord à bord, mais laisse une ouverture pour rembourrer les maisons.

- Une fois que tu as ajouté le rembourrage, couds l'ouverture.

- Pour le clocher de l'église, fabrique un cylindre ouvert en haut et rembourre-le. Ensuite, ferme le haut du cylindre en le cousant avec un point droit puis en tirant fortement sur le fil.

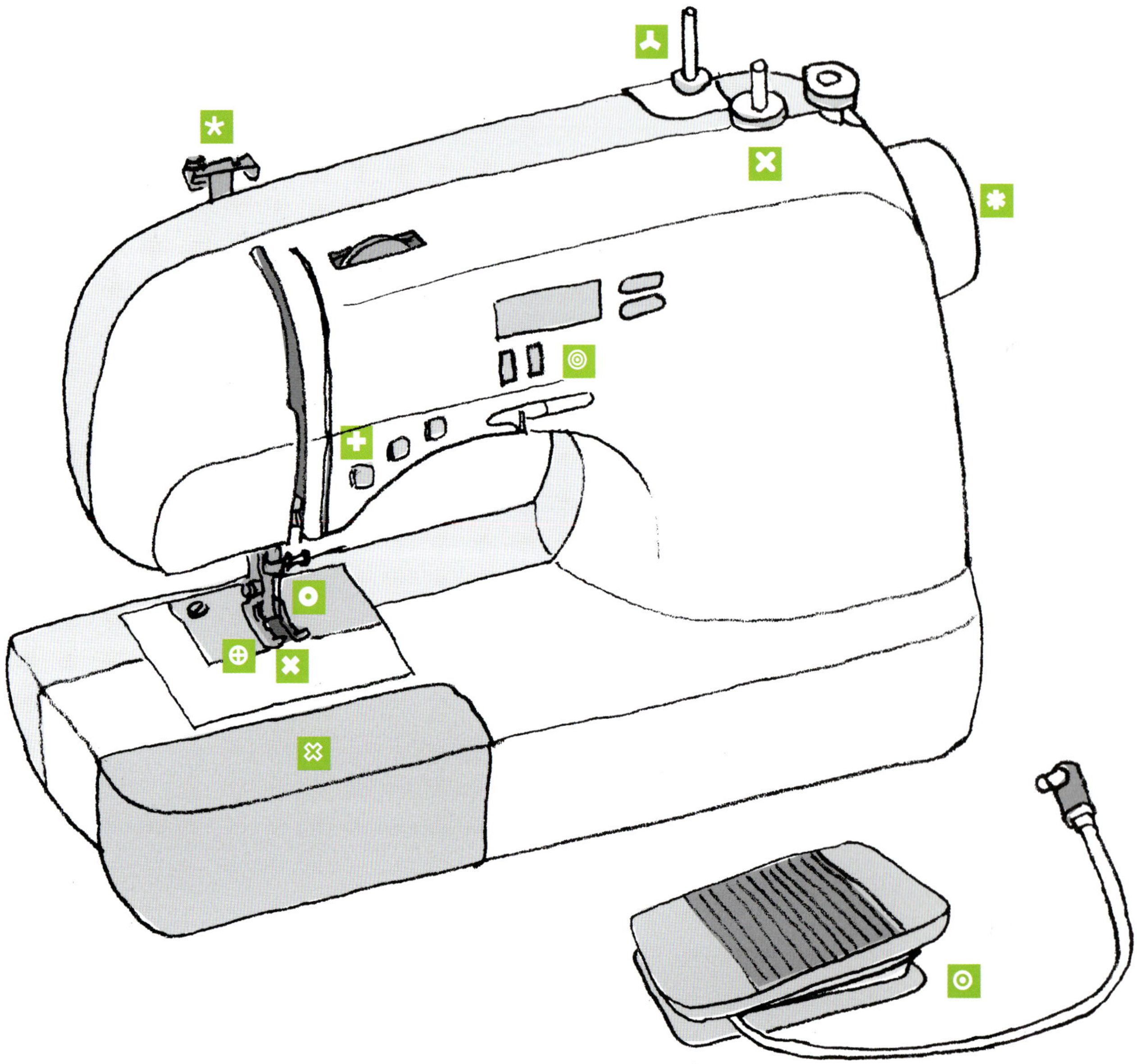

Chaque machine à coudre est particulière, selon son modèle et son âge. Cependant, toutes les machines ont des points communs. Tu vas découvrir ici leurs principales parties.

Sache toutefois qu'avant de te servir de la tienne, tu devras te familiariser avec ses caractéristiques spécifiques.

… À LA MACHINE

⊙ LA PÉDALE : Elle permet d'activer l'aiguille. Plus tu appuies fort dessus, plus l'aiguille se déplacera rapidement. En revanche, dès que tu cesses d'appuyer sur la pédale, l'aiguille s'arrête. Il est important d'actionner la pédale de façon maîtrisée et régulière. Apprends à t'en servir sans mettre de chaussures, pour mieux la sentir.

✚ LA TOUCHE « MARCHE ARRIÈRE » : Si tu actionnes cette touche, la machine coudra en arrière. C'est un point qui te sera utile pour arrêter solidement une couture.

✖ LE PIED-DE-BICHE : Il guide le tissu et le maintient. Il peut être levé et abaissé grâce à un levier.

◉ L'AIGUILLE : C'est l'élément essentiel de la machine. L'aiguille monte et descend automatiquement. Tu peux la remplacer lorsqu'elle est émoussée ou pliée. Il faut la piquer dans le tissu avant de commencer à coudre. Choisis la grosseur de l'aiguille en fonction de l'épaisseur de ton tissu.

✱ LE VOLANT : Il permet de relever et d'abaisser manuellement l'aiguille, sans actionner la pédale.

⊕ LE PIED ENTRAÎNEUR : Il permet au tissu de se déplacer régulièrement vers l'arrière pendant que l'on coud.

LE FIL SUPÉRIEUR ET LE FIL INFÉRIEUR : Contrairement à la couture à la main, la couture à la machine se fait avec deux fils. Le fil supérieur est celui de la bobine. Il est visible sur le dessus du tissu. Le fil inférieur provient de l'intérieur de la machine ; il est enroulé autour d'une canette et tiré vers le haut à chaque fois que l'aiguille descend. En principe, on recharge la canette avec le fil de la bobine, pour que les deux fils soient de mêmes qualité et couleur.

⅄ Voici l'emplacement de la bobine de fil supérieur.

✶ LE GUIDAGE DU FIL : Le fil supérieur est passé à travers des boucles et dans des fentes avant d'être enfilé dans l'aiguille. En règle générale, un dessin est fourni avec la machine à coudre pour indiquer comment le fil supérieur doit être enfilé.

❈ LE FIL INFÉRIEUR : Cette plaque dissimule le fil inférieur, enroulé autour d'une bobine spéciale que l'on appelle une canette.

✖ C'est là-dessous que ce trouve le dispositif d'enroulement du fil inférieur.

◎ Ici, tu peux régler le type de point, sa longueur et sa largeur.

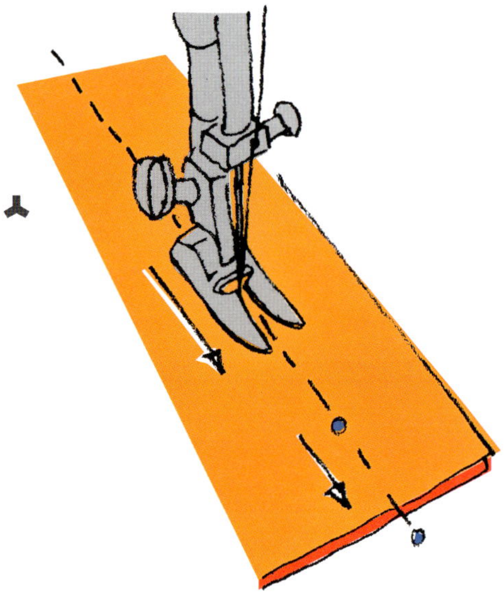

✤ ÉPINGLER : Pour coudre ensemble deux épaisseurs de tissu, tu dois les maintenir avec des épingles. Sinon, les tissus glisseront pendant que tu les couds. Dispose les épingles perpendiculairement à ton point, de façon à pouvoir les enlever facilement au fur et à mesure. En effet, il vaut mieux éviter de piquer sur une épingle. L'aiguille de la machine à coudre pourrait se casser ou se tordre.

⊙ POUR COMMENCER : Soulève l'aiguille à l'aide du volant ; soulève aussi le pied-de-biche. Fais glisser le tissu sous le pied-de-biche, abaisse ce dernier et tourne le volant dans le sens inverse des aiguilles d'une montre pour piquer l'aiguille dans le tissu, exactement à l'endroit où tu souhaites commencer ton point. Tu peux maintenant actionner la pédale avec précaution.

BON À SAVOIR

Repasse toujours ton tissu entre les différentes étapes de la couture. N'hésite pas, quand c'est possible, à ouvrir les coutures au fer à repasser.

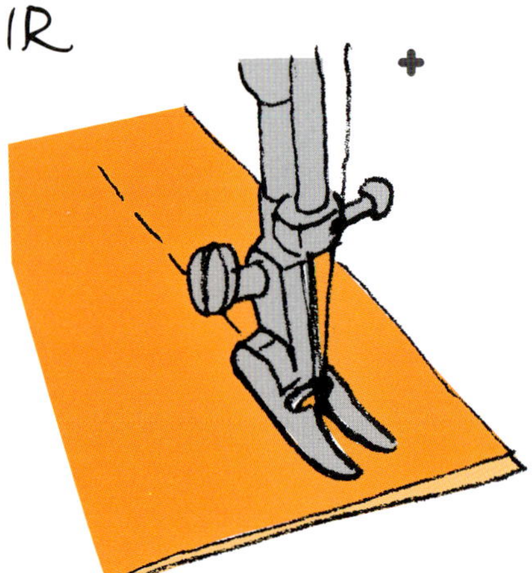

✚ LE POINT DROIT : C'est le point le plus utile avec la machine à coudre. En cousant, fais bien attention que le bord du tissu à droite du pied-de-biche reste toujours à la même distance de ce dernier. Les repères présents sur la machine à coudre t'aideront. Ainsi, tu réaliseras une couture bien droite.

... À LA MACHINE

✖ ARRÊTER UNE COUTURE : Pour éviter qu'une couture ne se défasse, il faut l'arrêter au début et à la fin. Commence par coudre trois points vers l'avant, puis actionne la touche « marche arrière » et couds trois points vers l'arrière. Enfin, couds de nouveau vers l'avant. Fais de même à la fin de ta couture.

✱ LE POINT ZIGZAG : Ce point aussi est très important. C'est l'équivalent du point de surjet que l'on fait à la main. Il permet d'assembler deux épaisseurs de tissu ou de faire de jolies bordures (voir page 61). Il peut aussi être employé pour décorer la surface d'une pièce de tissu.

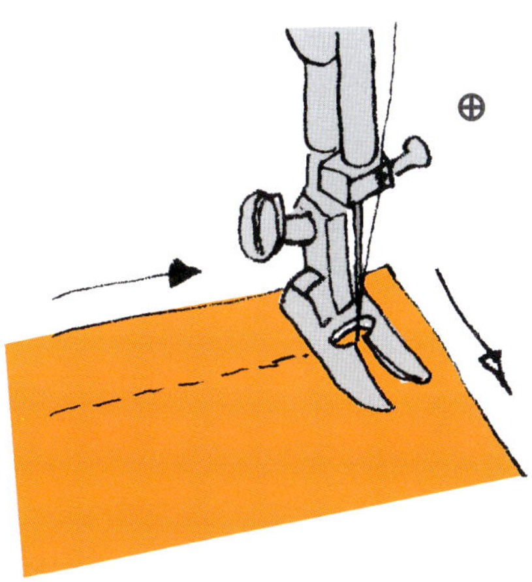

⊕ COUDRE UN ANGLE : Ce n'est pas difficile de faire une couture dans un angle. Pour cela, tu dois arrêter la machine, laisser l'aiguille enfoncée dans le tissu, mais lever le pied-de-biche. Réduis le surplus, puis tourne le tissu dans la nouvelle direction, sans faire de plis. Abaisse le pied-de-biche et poursuis ta couture.

DES PETITS COUSSINS

MATÉRIEL

Morceaux de tissu
Rubans, galons, boutons
Machine à coudre
Fil à coudre
Aiguille à coudre
Ouate de rembourrage
Épingles
Ciseaux

Une machine à coudre permet de fabriquer des petits coussins de toutes sortes. Ici, tu vas apprendre à en réaliser un de forme très simple, que tu pourras décorer de différentes façons.

RÉALISATION

- Découpe deux rectangles de tissu de la taille que tu souhaites, en prévoyant une marge de couture de 1 cm sur tout le pourtour.

- Pose les deux rectangles endroit contre endroit (voir page 35) et pique-les à la machine sur tout le pourtour, en laissant une petite ouverture pour pouvoir retourner le tissu.

- Coupe légèrement le surplus de couture aux angles et retourne le tissu.

- Remplis le coussin de ouate de rembourrage.

- Replie le surplus de couture de l'ouverture vers l'intérieur et ferme le coussin à l'aide de quelques points faits à la main.

Différents modèles, de gauche à droite :

⊙ Coussin naturel
⊙ avec un morceau de tissu vertical ou...
⊙ ... horizontal ;
⊙ avec des galons et...
⊙ ... des rubans ;
⊙ avec un appliqué ;
⊙ avec un ruban et une étiquette ;
⊙ avec un bord d'une autre couleur cousu au point zigzag ;
⊙ avec un bouton.

BON À SAVOIR

Pour en savoir plus sur les appliqués et les étiquettes, reporte-toi à la page 65.

SUR LA ROUTE DES VACANCES

TRAVAIL DE GROUPE

MATÉRIEL

Chutes de tissu
Boutons
Papier
Grillage métallique fin
Pince coupante
Machine à coudre
Aiguille à coudre
Fil à coudre
Ciseaux
Épingles
Petits aimants
Ouate de rembourrage

Il y a des voitures partout sur cette petite route ! Chacune contient un aimant et peut ainsi rouler de droite à gauche ou de gauche à droite, car la route en tissu contient un grillage métallique qui permet aux voitures aimantées de tenir dessus.

RÉALISATION

- Pour fabriquer les voitures, découpe des patrons en papier. Leur forme doit être simple. Tu auras besoin d'un morceau de tissu pour chacune des deux faces d'une voiture. L'une des faces doit être inversée par rapport à l'autre. Pour la deuxième face de la voiture, il faut donc que tu retournes ton patron avant de le poser sur le tissu.

- Place ensuite les morceaux de tissu de ta voiture envers contre envers et couds-les à l'aide d'un point zigzag serré. Laisse une ouverture pour remplir la voiture de ouate de rembourrage et y introduire un petit aimant. Referme ensuite l'ouverture en la cousant à la main, puis couds les petits boutons aux emplacements des roues.

- Pour la route, découpe un rectangle étroit dans le grillage métallique. Découpe ensuite deux longues bandes de tissu de mêmes dimensions que le grillage, en prévoyant une marge de couture de 1 cm.

- Sur l'une des bandes, couds des lamelles de tissu, qui représenteront la ligne centrale de la route. Assemble ensuite les deux bandes de tissu, endroit contre endroit, par une couture simple (voir pages 42 et 43), en laissant un petit côté ouvert.

- Retourne le tissu, introduis dedans le rectangle de grillage métallique et ferme le petit côté en faisant quelques points à la main.

▲ Route : Lena, 9 ans,
Guilhem, 10 ans
et Louise, 10 ans

UNE BOÎTE

MATÉRIEL

Tissu épais (velours côtelé par exemple)
Tissu en coton
Machine à coudre
Fil à coudre
Aiguille à coudre
Épingles
Ciseaux

Tu trouveras les instructions principales concernant la fabrication d'une boîte page 46. Ce modèle-ci comporte trois différences :

1. La boîte est cousue à la fois à la machine et à la main.
2. Les côtés de la boîte sont aussi composés de deux épaisseurs de tissu (l'une de coton, l'autre de velours côtelé), mais elles sont assemblées par une couture simple (voir pages 42 et 43). En les découpant, pense à prévoir une marge de couture de 1 cm.
3. Le fond, également assemblé à l'aide d'une couture simple, comporte aussi deux épaisseurs de tissu.

RÉALISATION

- Les côtés de la boîte sont composés de rectangles, et le fond d'un carré dont les côtés correspondent à la largeur des rectangles. Découpe pour chaque côté de la boîte un rectangle dans du tissu épais et un autre dans du tissu en coton, puis fais pareil pour le carré du fond.
- Épingle chaque paire de rectangles et la paire de carrés endroit contre endroit, puis couds-les à la machine, en laissant une petite ouverture pour les retourner.
- Coupe légèrement le surplus de couture aux angles puis retourne le tissu.
- Couds à la main l'ouverture, après avoir rentré à l'intérieur le surplus de couture.
- Les côtés de la boîte doivent ensuite être cousus à main sur le fond, avant d'être redressés et cousus le long de leurs bords. Si tu veux replier les bords supérieurs de la boîte, maintiens-les à l'aide de quelques points faits à la main.

BON À SAVOIR

Nous avons teint nous-mêmes le tissu en coton. Pour savoir comment procéder, reporte-toi à la page 190.

LES APPLIQUÉS

En couture, un décor (souvent un autre morceau d'étoffe) ajouté sur un tissu s'appelle un appliqué.

RANGÉE 1 :

- Il est important d'épingler l'appliqué, car ainsi il ne glissera pas quand tu le coudras.
- Les bords de l'appliqué doivent être repliés (on dit aussi ourlés)…
- … puis piqués à la machine.

RANGÉE 2 :

- Si tu ne souhaites pas ourler ton appliqué, tu peux le coudre en employant un point zigzag. Choisis un fil assorti au tissu…
- … ou ayant une couleur contrastée.
- Si l'appliqué est découpé à l'intérieur (comme le troisième morceau de tissu sur la rangée), il est utile d'employer du film thermocollant pour le consolider : place ton appliqué sur le film, recouvre le tout d'une feuille de papier et repasse-la, puis découpe le film qui dépasse de l'appliqué. Cette technique renforce ce dernier, car le film thermocollant empêche que ses bords ne s'effilochent. Tu peux aussi utiliser du film thermocollant double-face (voir page 17). Ainsi, tu pourras directement faire adhérer ton appliqué sur ton tissu, en le repassant.

RANGÉE 3 :

- Tu peux aussi coudre un appliqué à la main, à l'aide d'un point de boutonnière (voir page 35).
- Les formes arrondies peuvent être cousues à la machine, au point zigzag serré. Pour cela, il faut tourner le tissu sous le pied-de-biche en suivant les contours de l'appliqué. Le tissu ne doit pas faire de plis. Si tu arrives au bout d'un morceau d'appliqué, arrête la machine, lève le pied-de-biche et tourne ton tissu dans le bon sens. Puis abaisse le pied-de-biche pour continuer à coudre.
- Tu peux découper un motif dans un beau tissu, le placer sur du film thermocollant et le repasser avec une feuille de papier pour qu'il adhère dessus, afin de l'utiliser ensuite comme appliqué. Tu peux aussi, comme sur le dernier modèle de la photo, le surfiler à la machine.

UN TAPIS DE JEU

MATÉRIEL

Morceau de feutre
Chutes de tissu
Rubans de feutre, rubans pour paquets-cadeaux
Fil à broder
Aiguille à broder
Ouate de rembourrage
Ciseaux

C'est pratique de posséder un tapis de jeu que l'on peut enrouler et emporter partout ! Tu peux fabriquer un tapis pour un jeu qui existe déjà ou inventer un nouveau jeu. Il te faut d'abord un carré ou un rectangle de feutre.

RÉALISATION

- Pour coudre des tissus sur ton morceau de feutre, tu peux utiliser un point de boutonnière (voir page 35) et, pour y coudre des rubans, un point droit ou un point arrière (voir page 34).

- Pour faire des jetons, couds des petits coussins que tu rembourreras (voir page 54).

Tu connais déjà toutes les techniques nécessaires pour réaliser ce plateau de jeu !

◀ Le jeu de Guilhem, 10 ans

DES POCHETTES AVEC DES ÉTIQUETTES

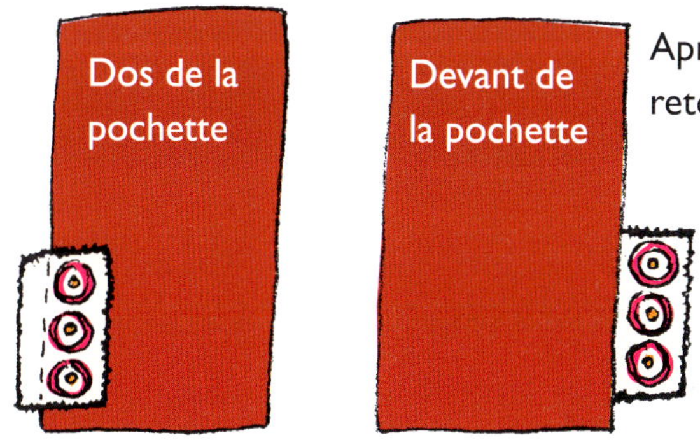

Après l'avoir retournée

▲ Pour faire une étiquette sur le côté : place ton étiquette sur l'endroit du dos de la pochette (dessin de gauche). Pose ensuite le devant de la pochette par-dessus, endroit contre endroit. Épingle ensemble les deux parties. Pique les trois épaisseurs. Enfin, retourne la pochette sur l'endroit.

MATÉRIEL

Laine feutrée ou velours côtelé
Tissu uni
Boutons
Fil à coudre
Aiguille à coudre
Épingles
Ciseaux

Dans le domaine de la mode, les étiquettes portent le nom ou le symbole d'une marque. Pour savoir comment dessiner des étiquettes toi-même, consulte la page 194.

RÉALISATION

L'APPLIQUÉ :

Tu peux coudre ton étiquette à la machine :

- Découpe une image dans un tissu, en laissant une petite marge autour.
- Épingle ensuite ton image sur un autre tissu et couds ses bords au point zigzag serré.
- Pour finir, découpe le tissu autour de l'étiquette, de façon à ne laisser qu'une petite marge.
- Tu coudras ensuite ce morceau de tissu au point zigzag sur son emplacement définitif.

LA POCHETTE :

- Il te faut deux rectangles de mêmes dimensions, découpés dans de la laine feutrée ou du velours côtelé, sur lesquels tu prévoiras une marge de couture et que tu coudras endroit contre endroit (voir pages 42 et 43).
- Réduis les rentrés et les angles, et retourne la pochette.
- Pour fabriquer le rabat, découpe un rectangle de la largeur de la pochette, dans le même tissu que celle-ci. Tu peux surfiler ce rabat sur ses quatre bords si tu crains que le tissu ne s'effiloche.
- Couds à la main le rabat sur le dos de la pochette.

LA BOUTONNIÈRE :

- Avec des ciseaux, fais une petite fente dans le rabat de la pochette. La fente doit être assez grande pour que ton bouton passe à travers.
- Couds ensuite les bords de la fente à la main, à l'aide d'un point de boutonnière (voir page 35).
- Il ne te reste plus qu'à coudre un bouton sur le devant de la pochette.

◀ Zèbre : Louise, 8 ans,
Méduse : Aline, 8 ans

Un étui

MATÉRIEL

Tissus
Film thermocollant
Machine à coudre
Fil à coudre
Aiguille à coudre
Épingles
Ciseaux

Cet étui semble difficile à fabriquer, mais en réalité il ne l'est pas. Il se compose de deux longs rectangles qui ont été assemblés par une couture simple (voir pages 42 et 43). Si tu veux le décorer avec un appliqué, il faut coudre ce dernier avant d'assembler les deux rectangles de tissu.

RÉALISATION

L'APPLIQUÉ :

- Place d'abord l'appliqué sur un film thermocollant, puis repasse-le pour le faire adhérer dessus (voir page 61).
- Ensuite, tu peux coudre l'appliqué sur une autre pièce de tissu (le tissu vert sur la photo), grâce à un point zigzag serré réalisé sur ses bords.

L'ÉTUI :

- Découpe deux rectangles de tissu de mêmes dimensions, en prévoyant une marge de couture de 1 cm.
- Couds à la machine ces deux rectangles, endroit contre endroit, en laissant ouvert l'un des petits côtés. Retourne le tissu sur l'endroit, rentre les marges de couture à l'intérieur du rectangle puis referme l'ouverture en la cousant à la main. Tu as maintenant devant toi un long rectangle constitué de deux épaisseurs de tissu.
- Replie une des extrémités du rectangle sur environ un tiers de sa longueur et couds solidement ses bords avec un point arrière (voir page 34).
- Pour fabriquer le ruban de fermeture, découpe deux longues bandes de tissu de la longueur souhaitée et d'au moins 5 cm de largeur, sinon le ruban sera difficile à retourner. N'oublie pas de prévoir une marge de couture de 1 cm.
- Assemble les deux bandes de tissu du ruban, endroit contre endroit, par une couture simple (voir pages 42 et 43), en laissant un petit côté ouvert.
- Retourne le tissu et couds l'ouverture.
- Couds solidement ton ruban au milieu du petit côté libre de l'étui.

COUDRE UN TISSU « 3D »

Grâce aux appliqués, tu peux créer de jolies surfaces en relief.

Choisis de la feutrine ou un tissu qui ne s'effiloche pas. Ainsi, comme sur la photo, pas besoin de surfiler, tu peux directement :

- plier de petits morceaux de tissu et les coudre ;
- entortiller une bande de tissu pour faire une fleur et la coudre ;
- rembourrer le dessous d'un appliqué plat afin qu'il semble bombé ;
- plier en deux une bande de tissu, la découper et la coudre solidement ;
- faire un trou dans un morceau de tissu et le placer sur un autre bout de tissu ;
- coudre plusieurs morceaux de tissu l'un sur l'autre ;
- essayer bien d'autres choses encore !

SOUS L'EAU

MATÉRIEL

Feutrine de différentes couleurs
Chutes de tissu
Papiers cadeau
Fil à broder
Ciseaux
Ouate de rembourrage
Boutons

TRAVAIL DE GROUPE

Ce tableau sous-marin se compose de plusieurs images qui sont cousues sur un grand rectangle de feutrine.

Ici, tu peux :

- utiliser plusieurs techniques de relief ;
- coudre plusieurs couches de tissu l'une sur l'autre et les découper pour laisser voir les couches inférieures ;
- rembourrer les appliqués avec un peu de ouate avant de les coudre ;
- coudre des papiers cadeau.

Examine bien ces modèles en feutrine, tu reconnaîtras toutes les techniques dont on a parlé à la page précédente.

BRODER

BRODER

BRODER?

Broder consiste à décorer la surface d'un tissu en réalisant différents points, parfois très compliqués, avec un fil épais. Il existe beaucoup de points de broderie et de points décoratifs. Mais tu peux faire de jolies broderies sur un tissu à l'aide de quelques points simples cousus à la main, comme le point droit et le point arrière (voir page 34). Il suffit d'avoir des fils à broder de différentes couleurs et une aiguille à broder à bout pointu.

Les aiguilles à broder sont plus longues que celles à coudre et ont un chas (trou pour passer le fil) plus gros, qui permet d'enfiler facilement le fil.

Avec des points arrière et des points droits, tu peux :

- broder des lignes d'une ou plusieurs couleurs ;
- disposer des points les uns à côté des autres ou les uns sur les autres ;
- juxtaposer des lignes…
- … ou les entrecroiser ;
- broder des courbes et des boucles…
- … ou des pointes ;
- et même réaliser des tableaux entiers.

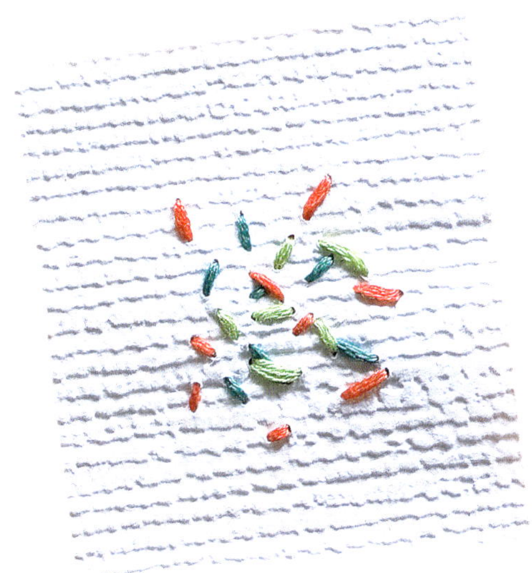

Bonshommes rigolos — Travail de groupe

MATÉRIEL

Tissu

Fil à broder

Aiguille à broder

Ciseaux

Épingles

Connais-tu le jeu du cadavre exquis, qui consiste à faire passer une feuille de papier sur laquelle les joueurs dessinent chacun leur tour une partie d'un bonhomme ? Le premier joueur dessine une tête sur la feuille. Il plie ensuite la feuille vers l'arrière pour cacher la tête, puis il la passe au joueur suivant. Celui-ci dessine alors un buste et des bras, puis il replie son dessin vers l'arrière. Le joueur suivant dessine sur la feuille des jambes et des chaussures. Enfin, la feuille est dépliée, laissant apparaître un bonhomme amusant !

RÉALISATION

Tu peux aussi jouer à ce jeu en brodant !

- Chaque joueur reçoit une bande de tissu et brode dessus une tête et des cheveux, avec des points droits et des points arrière.
- Il enroule ensuite sa tête, maintient le tissu enroulé à l'aide d'une épingle et donne la bande de tissu à son voisin.
- Celui-ci brode un ventre et le joueur suivant brode des jambes et des pieds.

Participants : Johan, 13 ans, Mathilde, 12 ans et Lena, 9 ans ▶

Des griffonnages

MATÉRIEL
Tissu
Fil à broder
Aiguille à broder
Ciseaux

Les griffonnages sont des petites images dessinées rapidement, par exemple quand on téléphone.

RÉALISATION
L'idée consiste ici à broder des griffonnages à l'aide d'un seul type de points et en une seule ligne.
Ce n'est pas la peine d'y réfléchir longtemps.
Tes seules limites seront celles du tissu !

◀ Griffonnage :
Mathilde, 12 ans

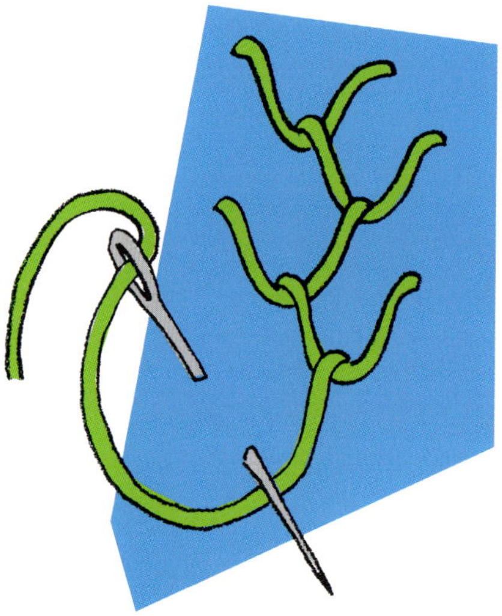

LE POINT D'ÉPINE : Ce point se brode de haut en bas. Pique ton aiguille comme sur le dessin, en plaçant ton fil sous sa pointe, puis tire-la. Ton point formera une courbe.

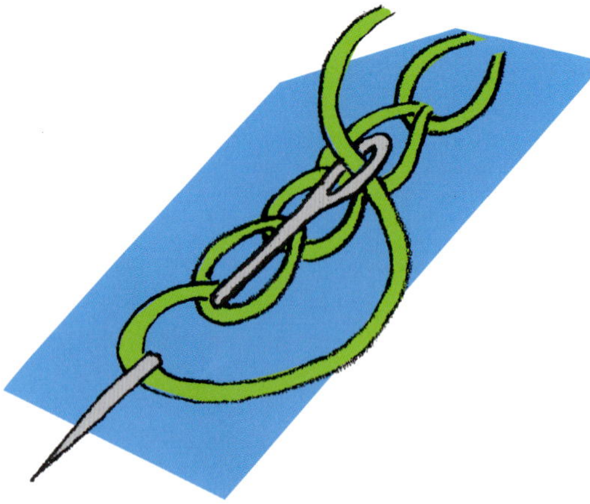

LE POINT DE CHAÎNETTE : Pique ton aiguille à l'endroit où sort le fil. Passe ensuite ton fil sous la pointe de l'aiguille de façon à faire une boucle, puis tire ton aiguille. Tu peux réaliser des points de chaînette individuels, par exemple pour former une fleur.

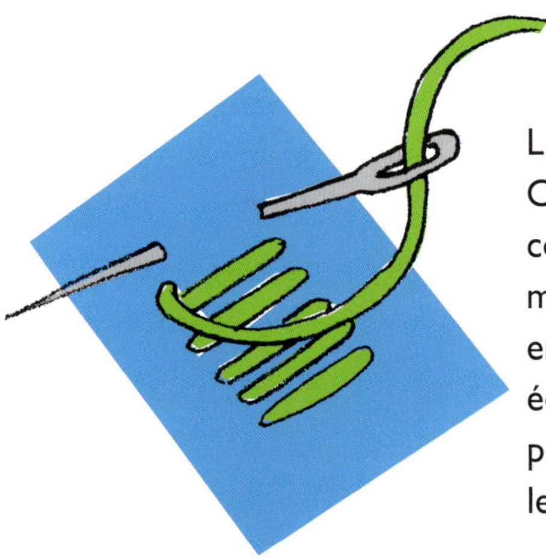

LE POINT DE PASSÉ PLAT : Ce point est très utilisé pour couvrir des surfaces, autrement dit pour « colorier » en broderie. Il peut être écarté ou très rapproché pour cacher complètement le tissu.

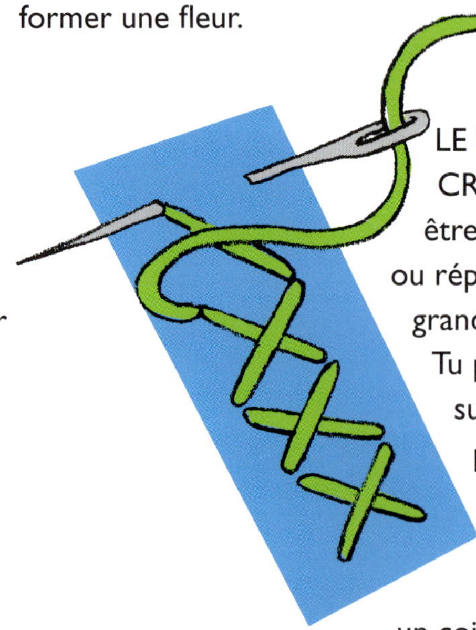

LE POINT DE CROIX : Il peut être employé seul ou répété sur une grande surface. Tu peux t'entraîner sur un tissu à petits carreaux, c'est plus facile. Pique ton aiguille sur un coin du carreau et fais-la ressortir sur le coin suivant, puis pique à nouveau, sur l'angle opposé. Recommence en joignant des deux coins restants et tu obtiendras une jolie croix.

LE POINT DE CHEVRON : Ce point de chevron un peu simplifié peut être plus ou moins haut et plus ou moins espacé.

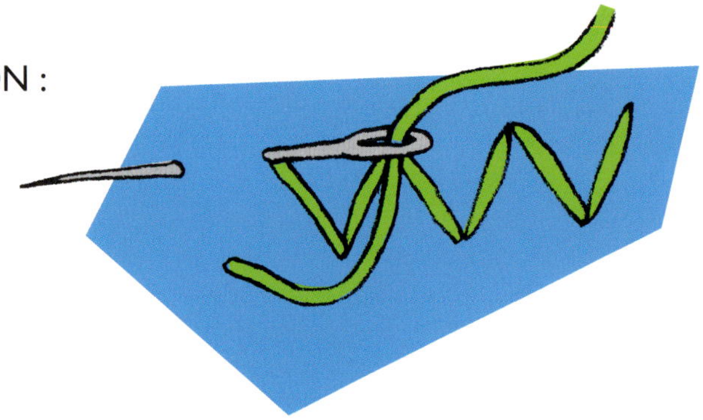

… DES POINTS DÉCORATIFS

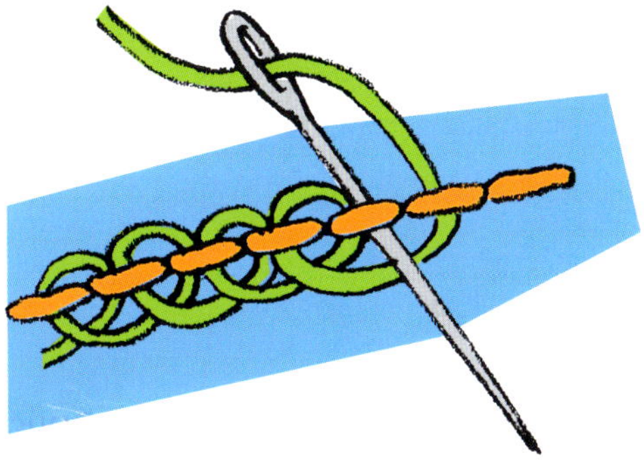

LE POINT DE PÉKIN : Il se compose d'une rangée de points arrière (voir page 34) à travers lesquels on forme des boucles avec un second fil. Tu peux aussi faire des points de Pékin à partir d'une rangée de points droits.

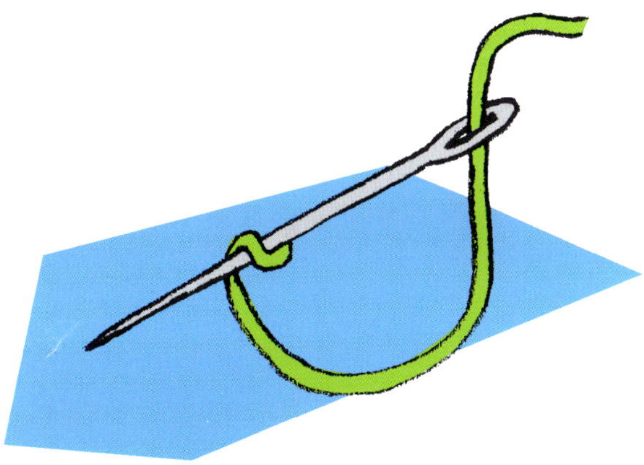

LE NŒUD FRANÇAIS : Pique ton aiguille, passe une ou plusieurs fois ton fil autour, selon la grosseur souhaitée du nœud, et repique à l'endroit où l'aiguille est sortie du tissu.

LE POINT DE BOULOGNE : Le fil situé au-dessous est entouré d'un fil à broder serré.

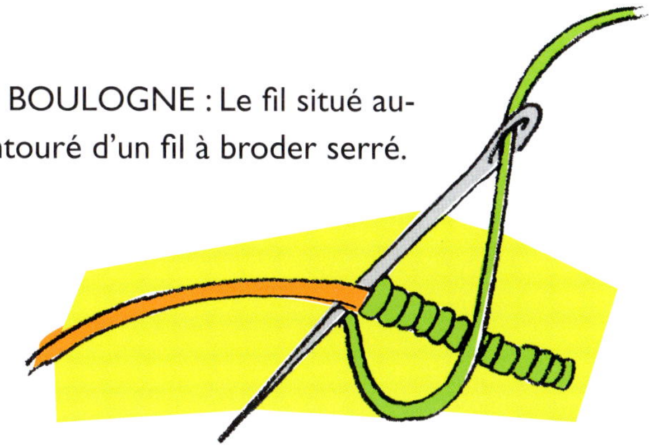

Tu peux broder des rubans de cette manière…

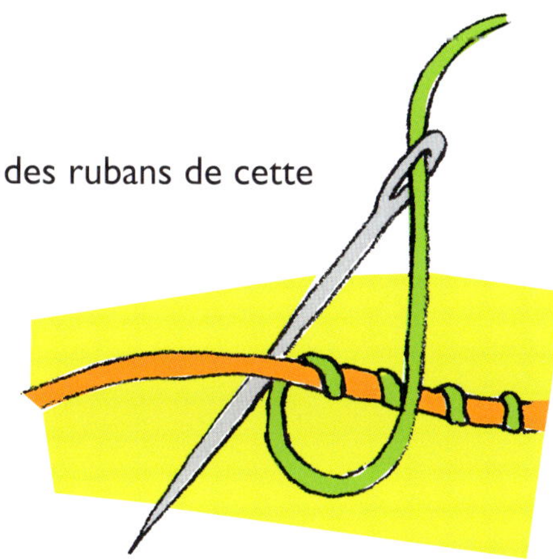

… et coudre des perles.

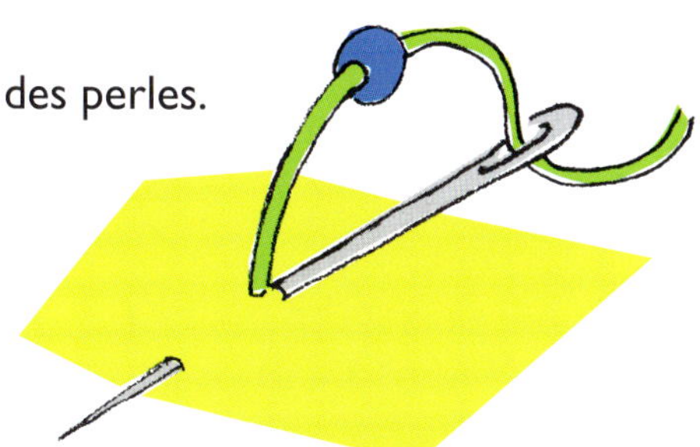

Des minibroderies

MATÉRIEL

Tissu
Fil à broder
Aiguille à broder
Ciseaux

Broder un tissu ne veut pas forcément dire que tu vas broder de grandes surfaces et que le travail demandera beaucoup d'efforts. En effet, la plupart des points de broderie sont si beaux qu'ils ressemblent à eux seuls à de petites œuvres d'art.

RÉALISATION

- Découpe des petits carrés dans un tissu clair et effiloche uniformément leurs bords.

- Choisis ensuite des fils à broder de couleur et essaie de broder sur chaque carré l'un des points des pages 80 et 81.

Fleurs, etc. : Lena, 10 ans ▶

Des oiseaux

MATÉRIEL

Papier épais et papiers plus souples, par exemple des chutes de papier peint
Fil à broder
Aiguille à broder
Papier cadeau
Colle en bâton
Ciseaux
Crayon à papier

RÉALISATION

- Ces oiseaux colorés sont brodés sur du papier. Si tu préfères, tu peux commencer par les dessiner au crayon à papier.

- Colle ensuite du papier cadeau sur certaines parties de leur corps, brode leurs contours et décore-les en utilisant les différents points de broderie présentés pages 80 et 81.

◀ Oiseaux : Johan, 13 ans

... DES POINTS DÉCORATIFS

Des cartes postales

MATÉRIEL

Fiches bristol blanches de format A6
Chutes de tissu
Fil à broder
Aiguille à broder
Ciseaux
Bâton de colle

En brodant, tu peux t'amuser à compléter ou transformer les motifs d'un tissu : tu peux par exemple utiliser différents points pour faire des fleurs, des guirlandes, des croix…

RÉALISATION

- Coupe d'abord des bandes de tissu, puis dispose-les sans les coller sur tes fiches bristol, pour réfléchir à tes motifs.
- Décore les bandes en les brodant.
- Enfin, colle les bandes de tissu sur les fiches bristol, avec une colle blanche. Tes cartes postales sont terminées !

Cartes postales : Mathilde, 12 ans ▶

DES ANIMAUX

MATÉRIEL

Carton
Tissu
Fil à coudre et fil à broder
Aiguille à coudre et aiguille à broder
Rubans, raphia, fils, etc.
Perles et boutons
Ouate de rembourrage
Ciseaux

RÉALISATION

- Pour fabriquer un animal comme ceux de la photo, fabrique d'abord un patron dans du carton. Plus sa forme sera simple, plus l'animal sera facile à réaliser.

- Découpe deux fois la forme de ton patron dans du tissu, en prévoyant un surplus de couture (voir page 42). L'un des morceaux de tissu découpés constituera le dessus de l'animal, et l'autre le dessous. Le dessous doit être inversé par rapport au dessus : il faut donc que tu retournes ton patron avant de le découper.

- Place des rubans et des perles sur le dessus de l'animal, en utilisant des points de broderie. Pour savoir comment procéder, reporte-toi page 81.

◀ Tortue et crocodile : Lena, 10 ans et Mathilde, 12 ans

- Place ensuite le dessous et le dessus de l'animal endroit contre endroit et assemble-les avec une couture simple (voir pages 42 et 43). Laisse une assez grande ouverture.

- Réduis les rentrés, retourne l'animal et remplis-le de ouate de rembourrage, puis couds l'ouverture.

BON À SAVOIR

Sers-toi de la tige d'un pinceau pour retourner les parties étroites de l'animal, comme ses pattes par exemple.

Des immeubles

MATÉRIEL

Canevas
Fil à broder
Aiguille à broder
Ciseaux

Un canevas est une toile spéciale composée d'une trame bien visible. Il peut être brodé sur toute sa surface. Découvre ici comment faire pour réaliser de petits immeubles.

RÉALISATION

- Pour broder de grandes surfaces, tu peux utiliser un point de croix (voir page 80) bien serré, mais il te faudra beaucoup de patience.

- Tu peux aussi couvrir les surfaces avec des points de passé plat (voir page 80). Ces points parallèles peuvent être exécutés de plusieurs façons : ils peuvent être horizontaux, verticaux ou obliques, courts, longs ou très longs.

Immeubles : Guilhem, 10 ans et Johan, 13 ans ▶

... À LA MACHINE

Tu peux aussi faire de la broderie avec une machine. De cette manière, tu peux :

- Broder des motifs avec un point droit classique. Entraîne-toi à faire deux rangées de points droits pour acquérir de l'expérience.

- Réaliser différents points décoratifs. Presque toutes les machines à coudre permettent de le faire. Pour exécuter certains points, tu devras peut-être changer de pied-de-biche (consulte le mode d'emploi). Essaie d'utiliser une couleur différente pour le fil inférieur (celui de la canette), qui ressortira par endroits.

- Utiliser du textile non tissé soluble dans l'eau. Il s'agit d'un tissu spécial que l'on trouve dans les merceries. Il permet de faire adhérer des gros rubans ou des cordons sur un tissu, en évitant que le pied-de-biche de la machine ne se coince dans une boucle du fil. Commence par poser des rubans sur ton tissu, puis recouvre-les d'un morceau de non-tissé et couds en travers, par-dessus. Passe ensuite l'ensemble sous l'eau froide : d'abord, le non-tissé moussera, puis il se dissoudra morceau par morceau. Une fois le tissu séché, tu peux consolider l'extrémité des rubans en les cousant.

DES POCHETTES DOUBLÉES

MATÉRIEL

Tissus
Machine à coudre
Aiguille à coudre
Fil à coudre
Épingles
Rubans, laine
Non-tissé soluble dans l'eau
Ciseaux

RÉALISATION

L'APPLIQUÉ BRODÉ :

- Décore un petit morceau de tissu en te servant de non-tissé, comme c'est expliqué à la page précédente. Ce petit morceau de tissu maintenant joliment décoré s'appelle un appliqué.
- Couds ton appliqué au point zigzag étroit (voir page 61) sur le devant de la pochette, avant d'assembler les différentes parties de celle-ci de la façon indiquée ci-dessous.

LA POCHETTE :

- Découpe quatre rectangles de tissu de mêmes dimensions : deux rectangles dans le tissu pour l'extérieur et deux dans un tissu plus léger pour la doublure. Laisse un surplus de couture de 1 cm.
- Assemble les morceaux de tissu deux par deux (un morceau de tissu extérieur avec un morceau de doublure), endroit contre endroit, en cousant ensemble leurs bords supérieurs.
- Déplie les rectangles de tissu assemblés et épingle-les endroit contre endroit, pour superposer les deux parties de la doublure et les deux morceaux de tissu extérieur.

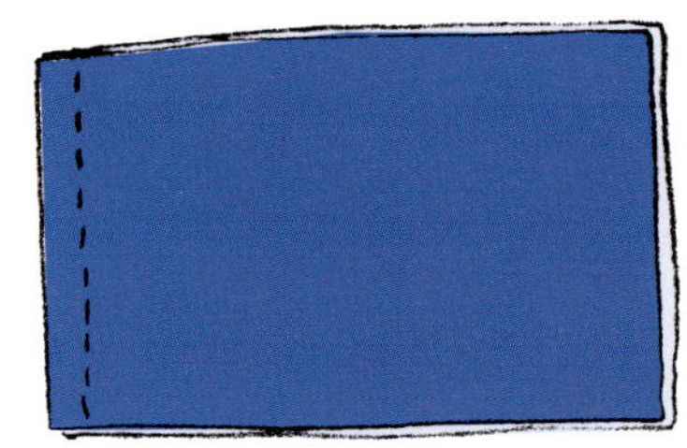

- Couds les deux couches de tissu sur leur pourtour, en laissant une ouverture dans la doublure.
- Raccourcis légèrement les surplus de couture et retourne la pochette. Couds l'ouverture à la main. Rentre la doublure à l'intérieur de la pochette.
- Pour la poignée, découpe une bande dans le tissu épais et une autre dans le tissu plus léger, en comptant 1 cm de marge.

- Dispose les bandes endroit contre endroit, épingle-les, puis couds-les sur leur pourtour, en laissant une extrémité ouverte. Retourne ta poignée. Tu peux utiliser un pinceau pour t'aider.
- Couds la poignée sur la pochette, à l'aide de quelques points faits à la main.

FAIRE DU CROCHET

Si tu es droitier, tiens le crochet de la main droite ; avec ta main gauche, tiens le fil relié à la pelote.

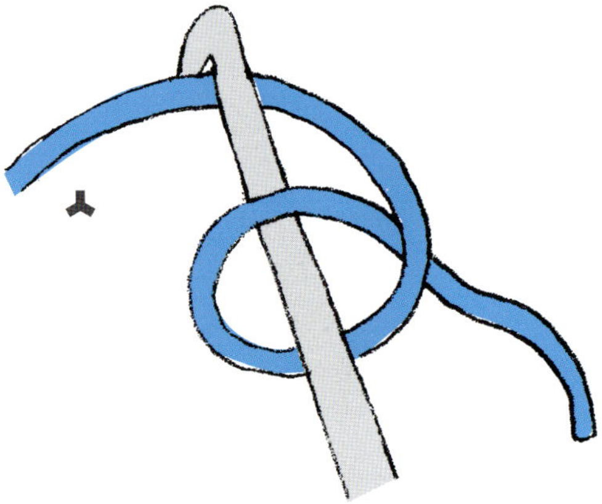

⅄ LA PREMIÈRE MAILLE : Pour faire ta première maille, forme une boucle avec ton fil puis passe celui-ci, à l'aide du crochet, à travers la boucle. Resserre la boucle en tirant sur le fil, du côté de la pelote. Tu as maintenant ta première maille, ou boucle, autour du crochet.

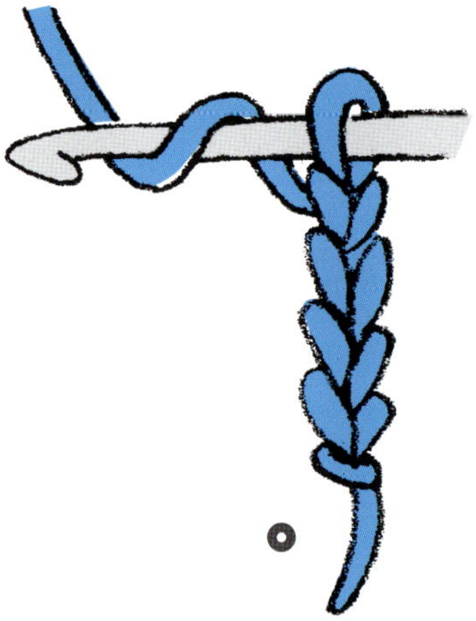

○ LA MAILLE CHAÎNETTE : Enroule le fil autour de ton crochet, puis tire-le pour le faire passer à travers ta première maille. Tu as réalisé ta première maille chaînette, qui ressemble à un petit V élargi. Une chaînette, qui est constituée de plusieurs mailles chaînette, sert de point de départ pour la réalisation d'autres mailles.

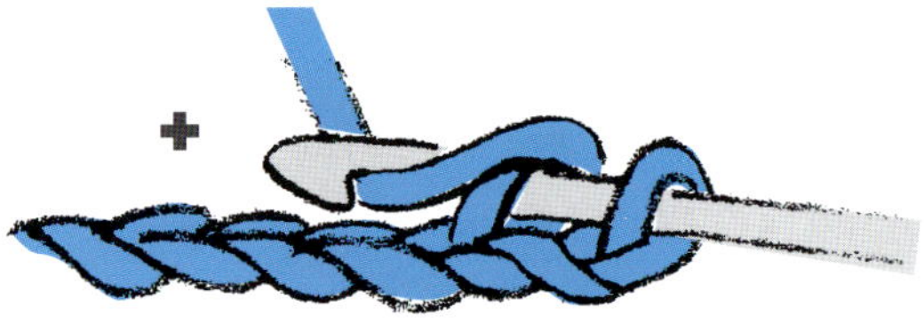

LA MAILLE SERRÉE : C'est celle qui est le plus souvent utilisée au crochet. Tu peux réaliser des mailles serrées à partir de la chaînette que tu viens de faire (pour que tu voies bien les points, il vaut mieux que ta chaînette fasse une quinzaine de mailles).

LES PRINCIPALES MAILLES

✚ Pique ton crochet à travers la deuxième maille chaînette. (La première sert de « maille en l'air » pour tourner et détermine la hauteur des mailles suivantes.) Ramène ensuite le fil, à l'aide du crochet, à travers la maille chaînette. Il y a maintenant deux boucles sur ton crochet.

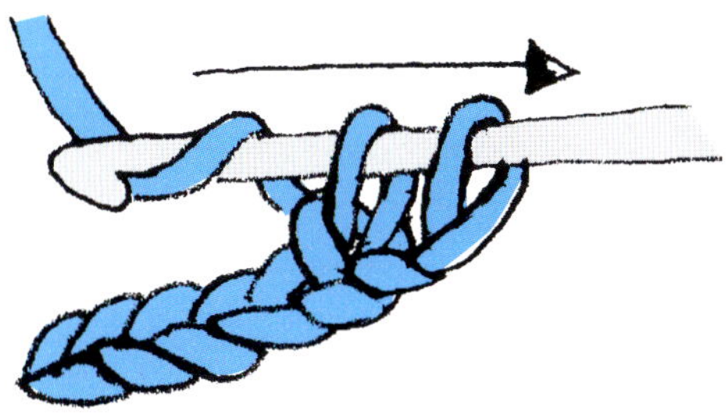

*

* Ramène maintenant le fil à travers les deux boucles présentes sur le crochet. Ta maille serrée est terminée. Fais-en d'autres : il y en aura une par maille chaînette. Pique toujours ton crochet sur le devant de la maille chaînette. Fais attention à ce que la chaînette ne se torde pas. À la fin de ton rang, fais une maille en l'air pour tourner. Retourne ensuite ton ouvrage au crochet et réalise le rang suivant, en travaillant dans le même sens.

✖

✖ LA MAILLE COULÉE : C'est une maille basse. Elle est souvent utilisée pour terminer un rang ou un travail en rond. Elle commence comme une maille serrée : il faut piquer dans la maille du rang précédent et prendre le fil avec le crochet, puis le ramener à travers la maille et la boucle présente sur le crochet. La maille coulée est alors terminée.

Les brides simples sont plus hautes que les mailles serrées. En dehors des brides simples, il existe aussi des demi-brides, des doubles brides, des triples brides, etc. Elles se différencient par leur hauteur. Tu apprendras à réaliser ces brides spéciales page 116.

LA BRIDE SIMPLE : Fais un rang de mailles chaînette. Monte au minimum une trentaine de mailles, car il est difficile de s'entraîner sur une chaînette trop petite. Cette fois, trois mailles chaînette serviront de maille pour tourner, car une bride simple fait à peu près la même hauteur que trois mailles chaînette. Sur les dessins, tu peux voir trois mailles en l'air pour tourner et trois brides simples.
La quatrième bride simple te permet de voir comment on la fait au crochet.

* Enroule d'abord ton fil autour du crochet, puis pique celui-ci dans une maille chaînette.

⅄ Ramène le fil, à l'aide du crochet, à travers la maille. Tu as maintenant trois boucles sur ton crochet. Reprends le fil avec ton crochet.

⊙ Passe le fil à travers les deux premières boucles présentes sur ton crochet. Il reste alors deux boucles sur ton crochet. Reprends une dernière fois le fil avec ton crochet et ramène-le à travers les deux dernières boucles. Ta première bride

*

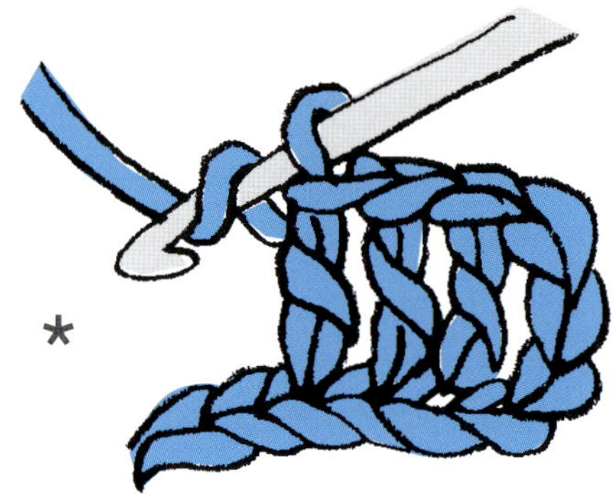

⅄

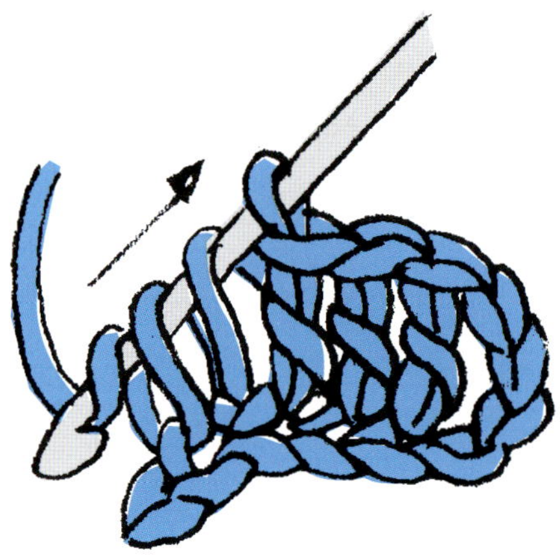

⊙

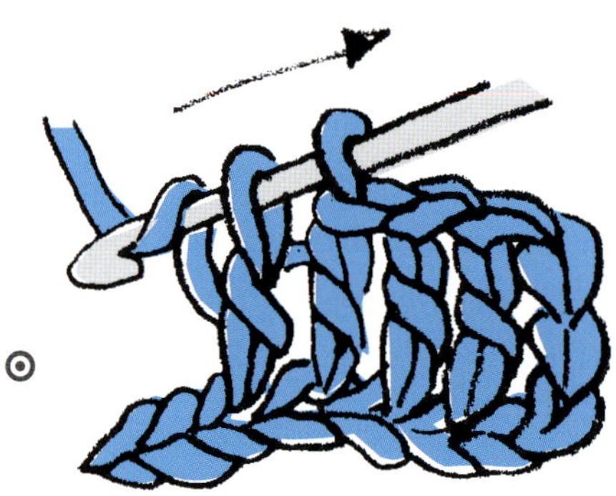

LES PRINCIPALES MAILLES

simple est terminée. Fais-en d'autres : il doit y en avoir une par maille chaînette. Fais attention à ce que la chaînette ne se torde pas.

Quand tu es arrivé au bout de ton rang, fais trois mailles en l'air pour tourner. Retourne ton ouvrage et réalise les brides simples suivantes en travaillant dans le même sens.

○ AUGMENTER D'UNE MAILLE : Au crochet, tu peux augmenter ou diminuer ton ouvrage d'une ou plusieurs mailles. Pour l'augmenter, c'est très facile : il faut crocheter deux mailles sur une maille du rang précédent.

✚ DIMINUER D'UNE MAILLE : Pour diminuer ton ouvrage d'une maille, tu as deux possibilités : tu peux laisser une maille de côté, c'est-à-dire faire une maille de moins que sur le rang précédent. Tu peux aussi réaliser un point sur deux mailles successives. Voici comment procéder avec des mailles serrées : passe ton crochet dans la première maille et ramène le fil à travers. Passe ensuite ton crochet dans la deuxième maille et ramène le fil à travers. Tu as alors trois boucles sur ton crochet. Prends le fil avec ton crochet et ramène-le à travers les trois boucles. Ainsi, tu as réalisé une maille à partir de deux mailles serrées.

○
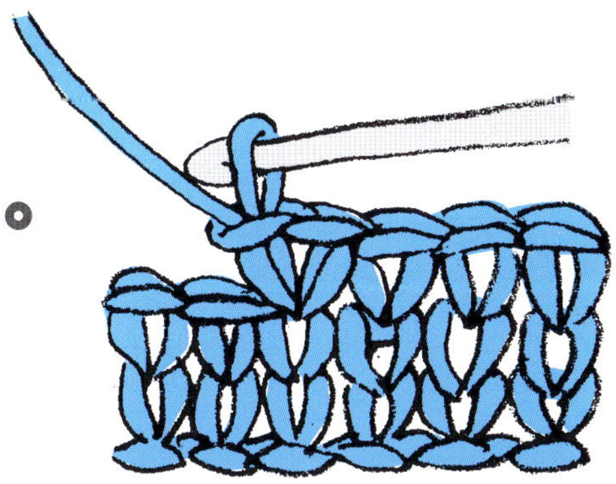

✚
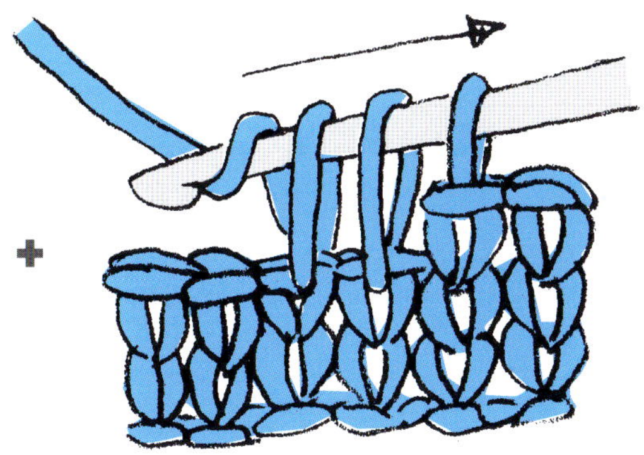

DES FLEURS

TRAVAIL DE GROUPE

MATÉRIEL

Laine
Crochet
Ciseaux
Aiguille à broder

RÉALISATION

- Crochète une première maille, puis deux mailles chaînette. Réalise ensuite dix mailles serrées, en piquant toujours à travers la deuxième maille chaînette se trouvant sur ton crochet. Comme tu piques toujours au même endroit, un trou central va se créer et les mailles serrées vont former un cercle. Ferme le cercle avec une maille coulée dans la première maille serrée.

- Crochète maintenant une maille serrée et deux mailles chaînette. Saute une maille serrée du cercle précédent et fais une maille serrée dans la suivante. Réalise ensuite de nouveau deux mailles chaînette. Continue ainsi jusqu'à la fin de ton cercle : au total, tu auras réalisé cinq arceaux. Termine par une maille chaînette.

Tu as maintenant un cercle plus grand que le premier, et tu vas tourner autour pour faire un troisième cercle. Tous les deux peuvent être d'une couleur différente de celle du premier rang.

- Dans le dernier cercle, fais une maille serrée dans une maille serrée du rang précédent, puis quatre brides simples (deux dans chaque maille chaînette), et enfin une maille serrée dans celle qui suit les deux mailles chaînette du rang précédent. Fais attention à ne pas piquer ton crochet dans les mailles chaînette, mais à bien passer autour.

- Tu peux arrêter le fil au début et à la fin de ton ouvrage en le ramenant sur l'envers du travail, puis en le cousant (voir page 34).

- Si beaucoup d'enfants t'aident et font des fleurs de différentes couleurs, tu en auras assez pour réaliser un champ de fleurs. Colle-les sur un fond vert ou couds-les sur un morceau de tissu vert.

Fleurs : Zoé et Max,
9 et 11 ans ▶

Des boîtes au crochet

MATÉRIEL

Fil de papier épais
Crochet
Ciseaux
Aiguille à broder émoussée

RÉALISATION

- Pour faire ces boîtes au crochet, tu travailleras en rond. Monte une première maille, puis deux mailles chaînette. Crochète ensuite huit mailles serrées dans la deuxième maille chaînette se trouvant sur ton crochet (il faut piquer huit fois dans la même maille). Continue de travailler en spirale. Pour cela, ne termine pas ton rang par une maille coulée, mais fais la première maille serrée du deuxième rang dans la première maille serrée du premier rang. Afin de savoir où commence ton rang, place un fil de couleur différente entre la dernière maille du premier rang et la première maille du deuxième rang.

- Sur le deuxième rang, double chaque maille. Pour cela, crochète deux mailles serrées dans chaque maille du rang précédent.

- Au troisième rang, double une maille sur deux : fais une maille serrée dans une maille du rang précédent, puis deux mailles serrées dans la maille suivante du rang précédent, et ainsi de suite. À la fin du rang, le fond de ta boîte est terminé.

- Pour les rangs suivants, tu n'as plus besoin d'augmenter les mailles. Réalise une série de rangs au crochet et pique toujours dans le brin arrière de la maille du rang précédent. Ainsi, ta boîte sera solide. Une fois que celle-ci a atteint la hauteur souhaitée, termine par une maille coulée, puis arrête le fil au début et à la fin. Tu peux broder le bord de ta boîte avec un fil de papier d'une autre couleur.

- Fabrique le couvercle de la même façon que le fond. Cependant, au troisième rang, il ne faut plus crocheter de mailles serrées, mais des brides simples pour chaque maille serrée du rang précédent. Ensuite, crochète deux rangs de mailles serrées en piquant dans le brin arrière des mailles du rang précédent, puis brode le tour du couvercle avec un fil d'une couleur différente.

- Pour l'anse, pique le crochet à côté du premier rang du couvercle et crochète une maille serrée sur une maille du couvercle. Crochète ensuite quelques mailles chaînette et fixe l'anse obtenue, par une maille serrée, de l'autre côté du couvercle. Crochète une maille serrée dans chaque maille chaînette de l'anse, pour la solidifier, puis arrête le fil à l'intérieur du couvercle.

DES FORMES GÉOMÉTRIQUES

En augmentant les mailles au bon endroit, tu peux créer au crochet différentes formes géométriques. Comme il est plus simple de comprendre un dessin que de longues explications, tu trouveras ici des schémas pour te guider. Toutes les mailles y sont représentées par des symboles.

- UN TRIANGLE : Il se crochète à partir d'une pointe. Fais deux mailles chaînette. Crochète ensuite une maille serrée dans la deuxième maille chaînette. À la fin de ce rang et de tous les suivants, fais une maille en l'air pour tourner et retourne ton ouvrage. Pour le deuxième rang, crochète trois mailles serrées dans la maille serrée du rang précédent. Pour le troisième rang, crochète deux mailles serrées dans la première maille du rang précédent, ainsi que dans la dernière. Crochète une seule maille serrée dans la maille intermédiaire du rang précédent. Pour le quatrième rang, crochète une maille serrée dans chaque maille du rang précédent. Sur tous les rangs impairs, double la première et la dernière maille. Sur tous les rangs pairs, n'augmente pas les mailles.

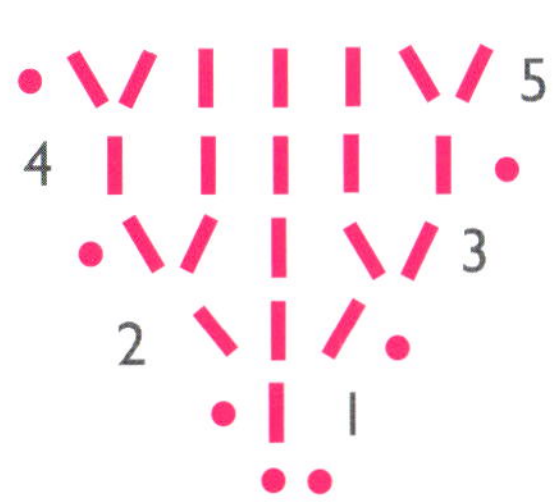

- UN ROND : Si tu as réalisé la boîte de la page 104, tu sais déjà faire un rond. Commence par deux mailles chaînette, puis crochète six mailles serrées dans la deuxième maille chaînette présente sur le crochet. Travaille en spirale, comme c'est expliqué page 105. Pour le deuxième rang, double chaque maille (il y en aura douze en tout). Pour le troisième rang, double une maille sur deux (dix-huit mailles) ; pour le quatrième rang, double une maille sur trois (vingt-quatre mailles), etc. Une fois que ton cercle a atteint la taille souhaitée, termine le dernier rang par une maille coulée.

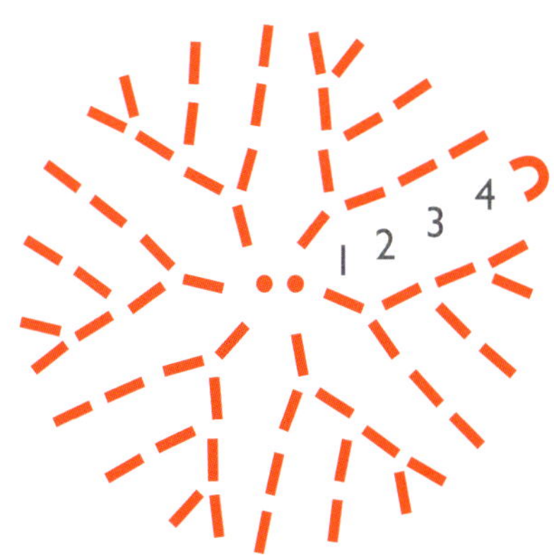

- • Maille chaînette
- ❙ Maille serrée
- ∩ Maille coulée

UN OVALE : Pour réaliser un ovale, crochète une chaînette composée de six mailles. Monte une maille serrée dans les deuxième, troisième, quatrième et cinquième mailles chaînette qui se trouvent sur ton crochet, puis trois mailles serrées dans la sixième maille chaînette. Ensuite, ne retourne pas ton ouvrage, mais continue à crocheter de l'autre côté de la chaînette. Crochète de nouveau quatre mailles serrées, puis trois mailles serrées dans la première maille de la chaînette. Travaille en rond et crochète toujours deux mailles serrées dans la maille centrale du point où tu tournes.

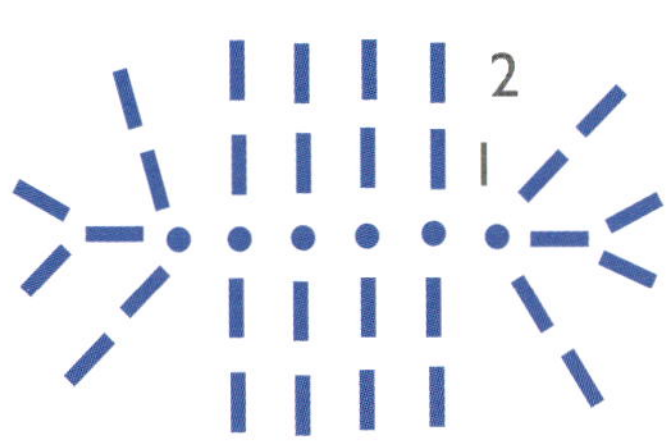

UN HEXAGONE : Il se réalise de la même manière qu'un cercle. Il faut commencer par crocheter deux mailles chaînette, puis six mailles serrées dans la deuxième maille chaînette qui se trouve sur ton crochet. Arrête ce rang et les suivants par une maille coulée et crochète au début de chaque rang une maille en l'air pour tourner. Au deuxième

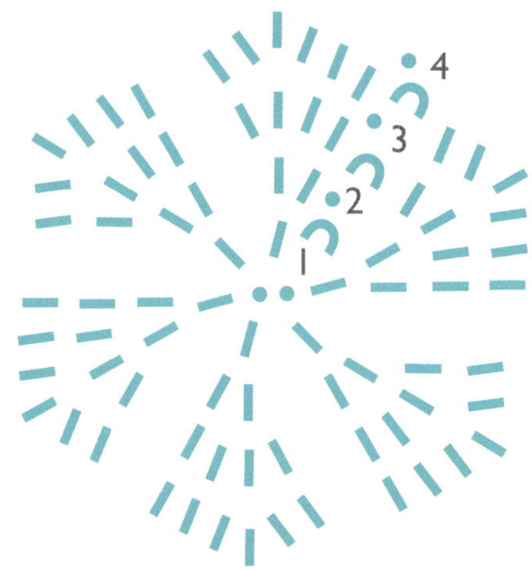

rang, double chaque maille (douze mailles). Au troisième rang, crochète une maille serrée dans la première maille du rang précédent, puis trois mailles serrées dans la maille suivante. Répète cette opération jusqu'à la fin de ton rang. Au quatrième rang et pour les rangs suivants, crochète des mailles serrées, en faisant chaque fois trois mailles serrées dans la maille centrale des trois mailles serrées du rang précédent. Cela te permettra de former les angles de ton hexagone.

UN PENTAGONE : Il se crochète de la même manière qu'un hexagone. Cependant, il ne faut crocheter que cinq mailles serrées dans la deuxième maille chaînette qui se trouve sur ton crochet. En doublant les mailles du deuxième rang, tu obtiendras dix mailles. Au troisième rang, crochète alternativement une maille serrée et trois mailles serrées, comme pour l'hexagone. Au quatrième rang et pour les rangs suivants,

DES FORMES GÉOMÉTRIQUES

crochète des mailles serrées, en faisant chaque fois trois mailles serrées dans la maille centrale des trois mailles serrées du rang précédent. C'est là qu'apparaîtront les angles de ton pentagone.

⊕ UN CARRÉ : Tu peux crocheter un carré à partir de l'un de ses angles ou de son centre.

Si tu le crochètes à partir du centre, procède comme pour l'hexagone. Au troisième rang, crochète une maille serrée dans la première et la deuxième maille du rang précédent, puis deux mailles serrées, une maille chaînette et deux mailles serrées. Répète cette opération jusqu'à la fin du rang. Pour les rangs suivants, crochète ainsi : deux mailles serrées dans la maille chaînette du rang précédent, une maille chaînette, puis deux mailles serrées. C'est à cet endroit qu'apparaîtront les angles du carré.

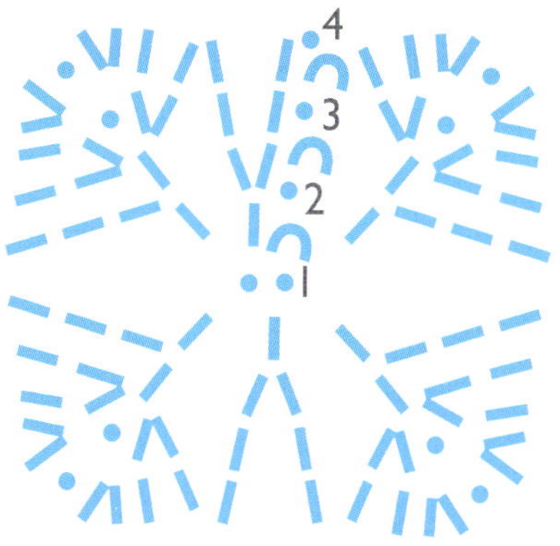

✱ Si tu crochètes ton carré à partir de l'un de ses angles, commence également par deux mailles chaînette. Crochète trois mailles serrées dans la deuxième maille chaînette qui se trouve sur ton crochet. Termine ce rang et tous suivants par une maille en l'air et retourne ton ouvrage. Poursuis ton travail en crochetant des mailles serrées. Sur chaque rang, crochète trois mailles serrées dans la maille centrale des trois mailles serrées du rang précédent.

DES FORMES GÉOMÉTRIQUES

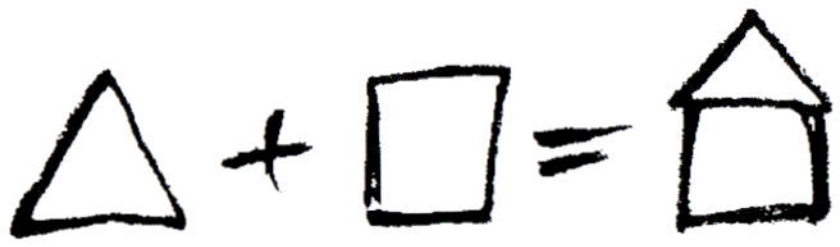

MATÉRIEL

Fil de coton
Crochet
Ciseaux
Aiguille à broder à bout rond

RÉALISATION

À partir de formes géométriques, tu peux créer de nouvelles formes.

- Pour faire une maison, il te faut un triangle et un carré (voir pages 107 et 109).

- Un arbre se compose d'un cercle et d'un rectangle pour le tronc. Pour faire ce dernier, tu dois réaliser une chaînette puis crocheter dessus deux rangs de mailles serrées.

- La coccinelle est constituée d'un ovale et de deux chaînettes pour les antennes. Son œil et ses points sont brodés (voir le nœud français page 81).

DES FORMES GÉOMÉTRIQUES

Des bijoux au crochet

MATÉRIEL

Fil de coton
Crochet
Ciseaux
Aiguille à broder à bout rond
Fil d'argent
Pince coupante
Anneau pour bagues
Colle pour textiles

RÉALISATION

- Confectionne au crochet des ronds de différentes couleurs, en suivant la méthode expliquée page 107. Les ronds n'ont pas besoin d'être très grands. Trois tours suffisent.

- Découpe un morceau de fil d'argent suffisamment grand pour faire un bracelet ou un collier. Enfile ensuite les ronds crochetés sur le fil. Il vaut mieux faire passer le fil dans le dos de ceux-ci. Glisse-le à travers les brins arrière des mailles situées au bord des ronds.

- Pour finir, recourbe les extrémités du fil d'argent pour en faire des boucles, que tu pourras glisser l'une dans l'autre pour fermer ton bracelet ou ton collier.

- Pour faire une bague, fixe un rond crocheté sur le plateau de l'anneau, avec un peu de colle pour textiles.

DES FORMES GÉOMÉTRIQUES

UN BALLON DE FOOT

TRAVAIL DE GROUPE

MATÉRIEL
Fil de coton
Crochet
Ciseaux
Aiguille à broder à bout rond
Chutes de tissu pour le rembourrage

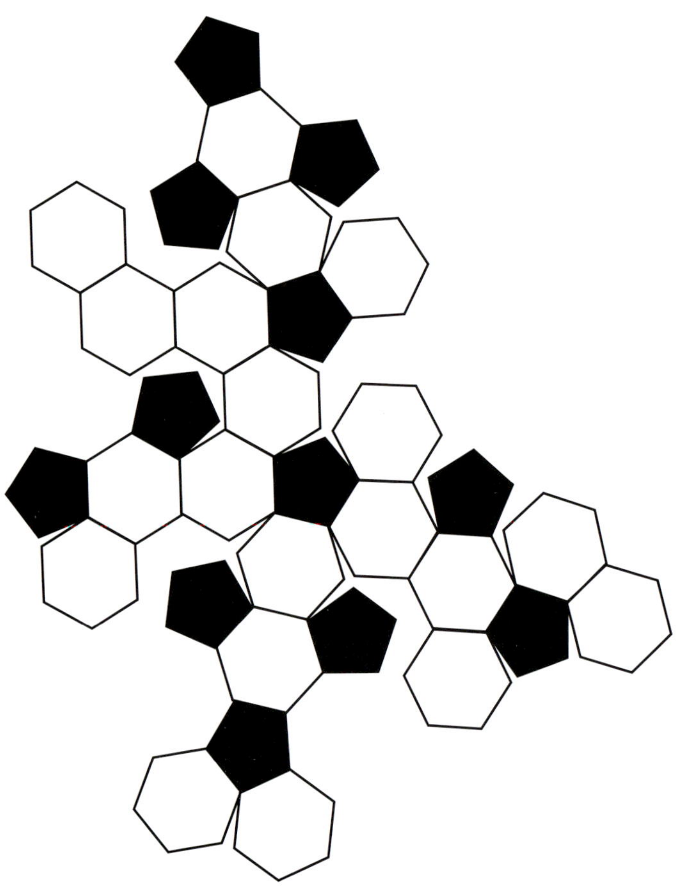

Un ballon de football se compose de vingt hexagones et de douze pentagones. Cela demande beaucoup de travail. Il vaut donc mieux le fabriquer à plusieurs.

RÉALISATION

- Crochète des hexagones blancs composés de quatre rangs, en suivant les instructions de la page 108.

- Pour fabriquer les pentagones noirs, choisis un crochet un peu plus gros. Comme ils doivent être plus petits que les hexagones, ils ne seront composés que de trois rangs. Exécute-les de la façon décrite pages 108 et 109.

- Couds les hexagones et les pentagones par leurs bords, comme sur le dessin.

- Avant de coudre les derniers bords, remplis le ballon de chutes de tissu. Une fois qu'il est bien arrondi et rembourré, termine les coutures.

D'AUTRES MAILLES

Tu as appris page 100 comment faire la principale bride du crochet. Toutefois, il en existe d'autres : la demi-bride, la double bride et d'autres brides multiples. Si tu sais déjà crocheter des brides simples, celles-ci ne te poseront pas de problèmes, car elles sont réalisées selon le même principe.

LA DEMI-BRIDE : Les demi-brides sont plus rapides à crocheter que les brides simples, car il y a une étape en moins. Enroule ton fil autour du crochet. Pique ensuite celui-ci dans une maille du rang précédent et passe le fil à travers la maille. Il y a à présent trois boucles sur ton crochet. Attrape de nouveau le fil avec ton crochet et fais-le passer à travers les trois boucles. Ta demi-bride est terminée. Elle est un peu moins haute qu'une bride simple.

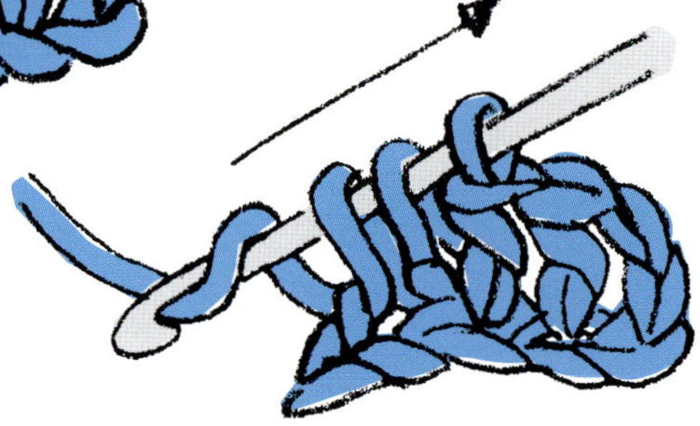

LA DOUBLE BRIDE : Les doubles brides sont plus hautes que les brides simples. C'est dû au fait qu'avant de piquer le crochet dans une maille, il faut enrouler deux fois le fil autour du crochet, au lieu d'une seule fois. Il faut ensuite piquer le crochet dans la maille du rang précédent et passer le fil à travers. Il y a alors quatre boucles sur ton crochet. Prends ensuite le fil avec ton crochet et passe-le à travers les deux premières boucles. Il reste maintenant trois boucles sur ton crochet. Ramène le fil à travers deux boucles, prends-le avec ton crochet, puis ramène-le de nouveau à travers deux boucles. Ta double bride est terminée.

LA TRIPLE BRIDE ET LES BRIDES MULTIPLES : Les brides multiples, par exemple les triples ou quadruples brides, sont encore plus hautes que les doubles brides. Elles s'en différencient par le fait qu'il faut enrouler le fil trois ou quatre fois autour du crochet avant de piquer dans une maille, et qu'il faut ramener plus de fois le fil à travers deux boucles.

LES BORDURES

Les mailles qui forment des pointes, qu'on utilise pour réaliser des bordures et des galons, s'appellent des picots. Tu sais maintenant faire des mailles crochetées de différentes hauteurs. Il ne sera donc pas difficile pour toi de crocheter des bordures en forme de pointes faites de mailles de différentes hauteurs. Il existe de nombreuses possibilités et tu peux imaginer toi-même des galons.

Voici les explications pour réaliser les galons photographiés page suivante :

⊙ DES PICOTS : Pour réaliser des picots simples, crochète cinq (ou trois) mailles chaînette. Pique ensuite ton crochet dans la première maille chaînette, c'est-à-dire la cinquième (ou troisième) présente sur le crochet. Fais une maille serrée, puis crochète de nouveau cinq (ou trois) mailles chaînette et une maille serrée dans la première maille chaînette... Continue ainsi jusqu'à ce que ton galon soit assez long.

DES PETITES POINTES : Pour réaliser un galon composé de petites pointes, crochète trois mailles chaînette. Pique ton crochet dans l'avant-dernière maille chaînette et crochète une maille serrée. Dans la première maille chaînette, c'est-à-dire la troisième qui se trouve sur le crochet, fais une bride simple. Crochète ensuite de nouveau trois mailles chaînette, puis une maille serrée et une bride simple, pour faire la pointe suivante.

✖ DES GROSSES POINTES : Pour faire un galon constitué de grosses pointes, commence par crocheter cinq mailles chaînette. Puis reviens en arrière : crochète une maille serrée dans l'avant-dernière maille chaînette, une demi-bride dans la maille chaînette suivante, une bride simple dans la maille chaînette d'après et une double bride dans la dernière maille chaînette. Enfin, recommence à travailler vers l'avant, en crochetant cinq mailles chaînette.

✚ DES FANIONS : Pour réaliser une bordure faite de fanions arrondis, il faut que tu crochètes cinq mailles chaînette. Fais des brides simples dans les deuxième, troisième, quatrième et cinquième mailles chaînette présentes sur le crochet. Tu verras apparaître une série de jolis fanions.

Des galons

MATÉRIEL

Fils de coton de différentes couleurs
Crochet
Ciseaux

RÉALISATION

Pour faire les galons des premier ⊙, deuxième ♣, troisième ✖ et sixième rangs ✚, consulte les explications de la page 117.

✱ Pour réaliser une bordure à courbes, fais d'abord une chaînette. Le nombre total de mailles de la chaînette doit être égal à un chiffre divisible par huit, plus deux mailles chaînette. Ainsi, par exemple, pour réaliser un galon composé de cinq courbes, il te faudra 42 mailles chaînette (5 × 8 + 2). Crochète une maille serrée dans l'avant-dernière maille chaînette. Saute trois mailles chaînette et crochète neuf brides simples dans la suivante. Saute de nouveau trois mailles chaînette et crochète une maille serrée dans la suivante. Répète l'opération jusqu'à ce que tu sois arrivé au bout de ton galon.

⊙ Pour faire un galon composé d'éventails, fais trois mailles chaînette. Crochète ensuite six brides simples dans la troisième maille chaînette présente sur ton crochet. Retourne ton ouvrage et répète l'opération jusqu'à ce que ton galon ait la longueur souhaitée. Afin qu'il soit bien plat, repasse-le à la vapeur. Pour cela, demande l'aide d'un adulte.

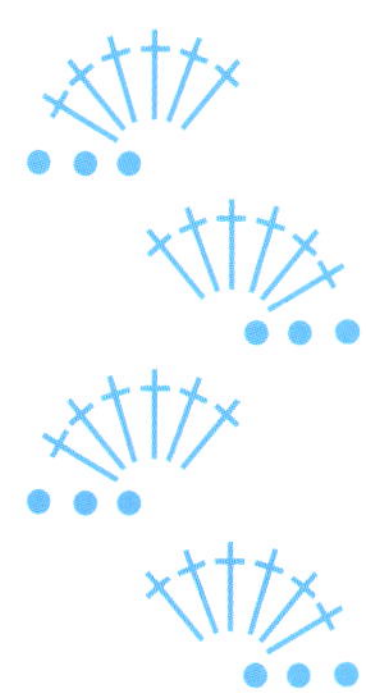

† Bride simple

FAIRE DU CROCHET AVEC LES DOIGTS

Tu peux réaliser de beaux ouvrages de crochet avec les doigts en utilisant deux fils de couleurs différentes, par exemple un vert et un bleu.

⊙ Attache d'abord les deux fils ensemble en les nouant à une extrémité. Fais ensuite une première maille (voir page 98) avec le fil vert. Passe ton index droit dans la boucle. Tends bien les fils à l'aide du majeur et du pouce de ta main gauche.

✚ Passe ton index gauche à travers la boucle et tire le fil bleu.

♣ Laisse glisser la boucle verte de ton index droit, puis tire sur le fil vert afin qu'elle se resserre.

✖ Maintenant, attrape le fil vert avec ton index droit. Laisse le fil bleu glisser de ton doigt et tire fermement dessus.

⊙

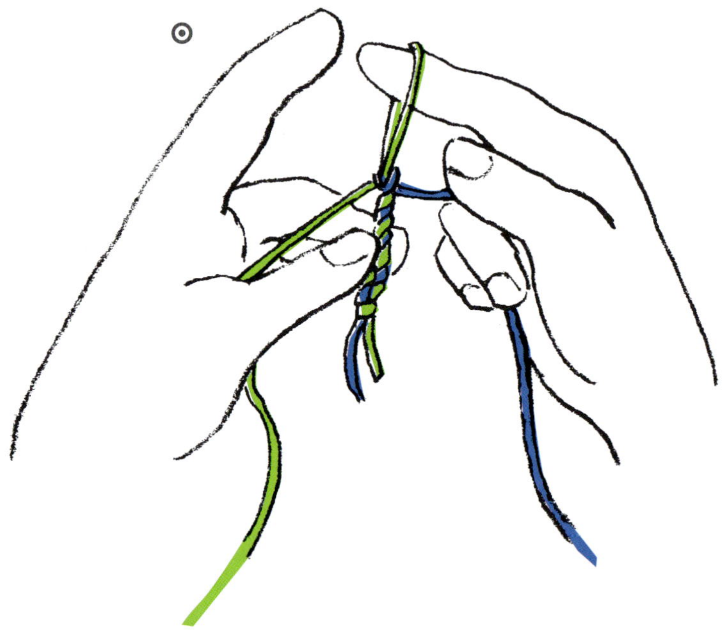

✚

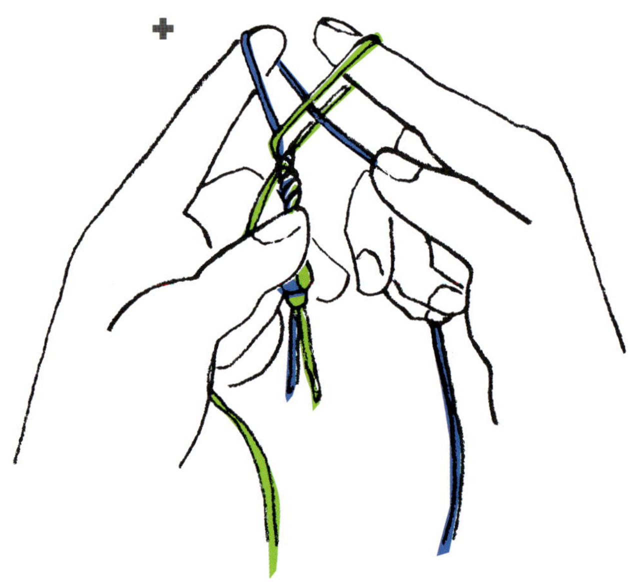

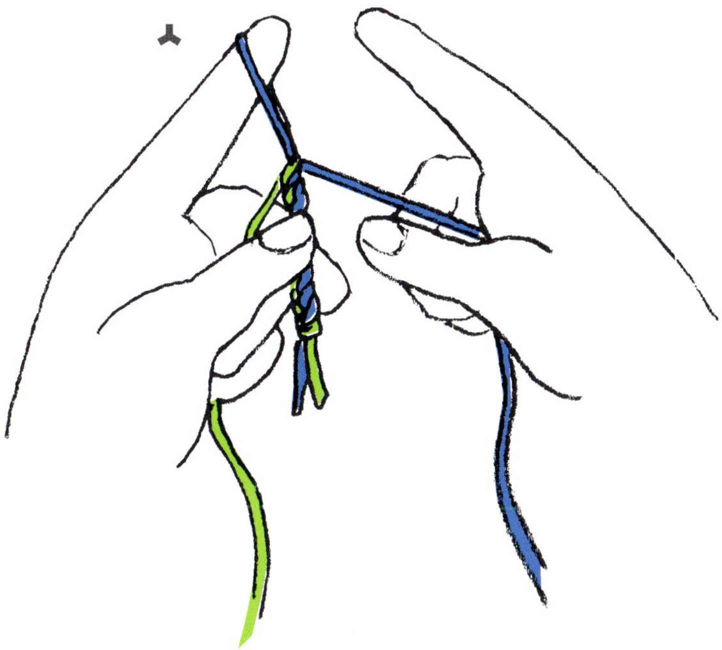

Si tu continues ainsi, en alternant le fil vert et le fil bleu, tu obtiendras un beau bracelet. Tu peux l'utiliser comme bracelet d'amitié ou bien comme cordelette pour attacher un canif de poche ou encore un trousseau de clés.

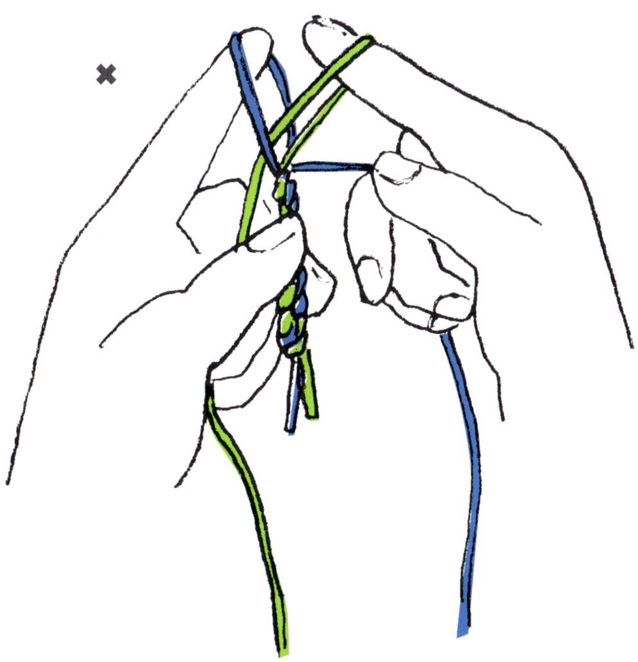

UN NAPPERON BIGARRÉ

MATÉRIEL

Fils de coton de différentes couleurs
Ciseaux
Carton rigide ou plaque de bois
Colle pour tissus

RÉALISATION

Dans les pages précédentes, tu as appris à confectionner un bracelet avec tes doigts. Pour créer un napperon, fabrique un grand nombre de bracelets de longueurs différentes et colle-les les uns contre les autres, sur un support solide.

TRICOTER

LES PRINCIPALES MAILLES

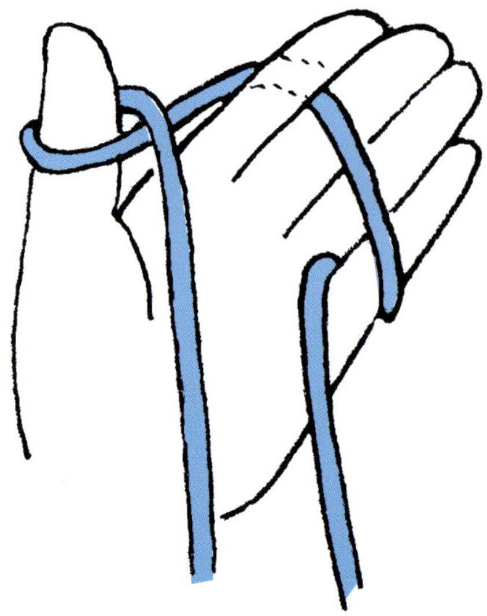

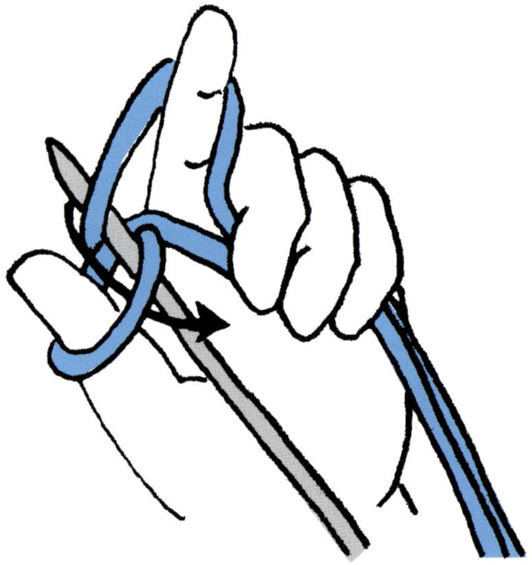

MONTER DES MAILLES : Pour commencer un tricot, il faut former des mailles autour de l'une des deux aiguilles à tricoter. On appelle cela « monter des mailles ». Place le fil sur ta main gauche comme sur le dessin, en commençant par enfiler l'auriculaire. Place une aiguille à tricoter dans la boucle autour de ton pouce. Attrape avec ton aiguille le fil qui repose contre ton index et fais-le passer à travers la boucle. Laisse maintenant la boucle glisser de ton pouce vers l'aiguille et serre la maille. Continue ainsi jusqu'à ce que tu aies autant de mailles que nécessaire sur ton aiguille.

Tu peux tricoter de nouvelles mailles à partir de tes mailles de montage. Les principales, en tricot, s'appellent la « maille endroit » et la « maille envers ». Celles que tu dois réaliser sont en bleu clair sur les dessins.

LA MAILLE ENDROIT : Prends l'aiguille à tricoter qui porte les mailles de montage dans ta main gauche et celle sans mailles dans ta main droite. Pour faire une maille endroit, pique l'aiguille sans mailles dans la première maille de montage, de l'avant vers l'arrière. Passe ensuite le fil à travers la maille, vers l'avant, et laisse la boucle glisser de l'aiguille gauche. Tu viens de réaliser une maille endroit. Celle-ci se trouve maintenant sur l'aiguille droite.

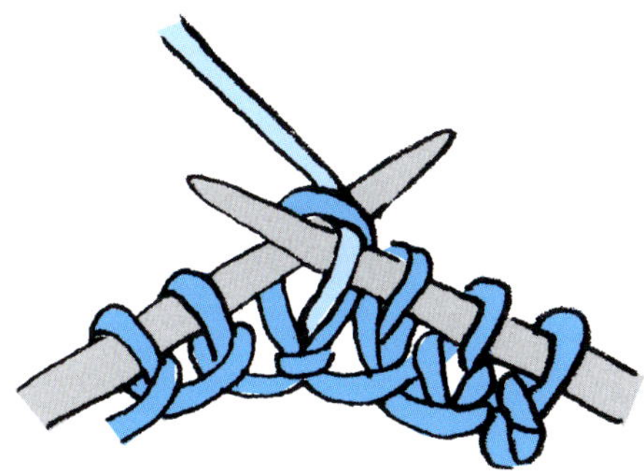

Continue de tricoter des mailles endroit jusqu'à ce qu'il n'y ait plus de mailles de montage sur ton aiguille gauche. Retourne alors ton tricot, fais passer l'aiguille qui était dans ta main droite dans ta main gauche et poursuis de la même manière.

LA MAILLE ENVERS : Pour faire une maille envers, place le fil sur le devant de l'aiguille gauche. Pique avec l'aiguille droite dans la maille de montage, de droite à gauche. Enroule ensuite le fil autour de l'aiguille, de l'avant vers l'arrière, et tire la boucle obtenue vers l'arrière, à travers la maille de montage. Laisse la maille glisser de l'aiguille gauche et tire le fil. Ta maille envers est terminée.

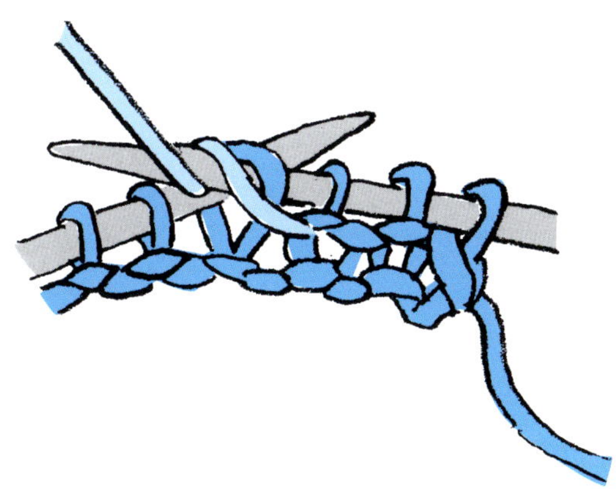

LES PRINCIPALES MAILLES

Tu peux maintenant poursuivre ton tricot en faisant des mailles envers ou endroit.

♣ Si tu ne tricotes que des mailles endroit, tu obtiendras un motif ressemblant à de petites vagues : c'est le point mousse.

✖ Si tu tricotes alternativement un rang de mailles endroit et un rang de mailles envers, tu obtiendras sur le devant de ton tricot un motif lisse : c'est le point jersey.

♣

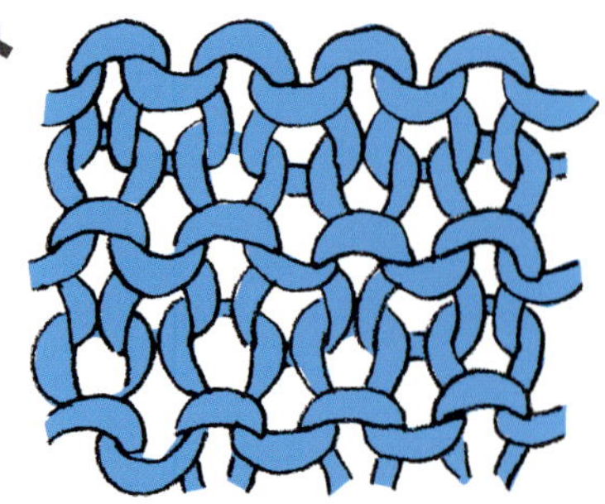

✖

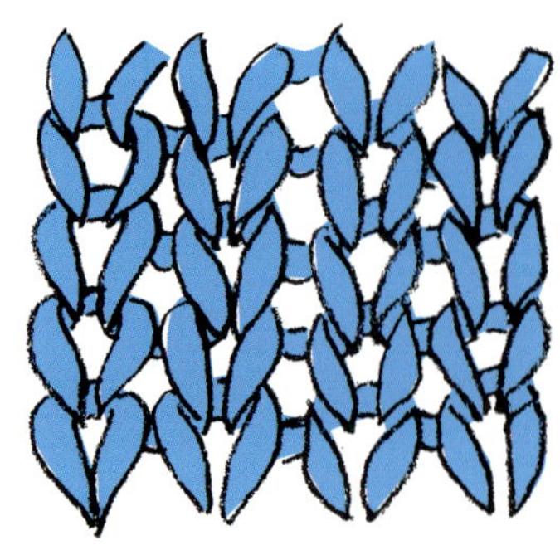

AUGMENTER LES MAILLES : Tu auras souvent besoin de mailles supplémentaires sur les côtés de ton tricot (comme pour faire les bras du monstre de la page 131). Tu pourras alors augmenter les mailles. Enroule le fil qui vient du tricot autour de ton pouce. Passe Tire bien sur la boucle. Forme de cette façon autant de mailles que nécessaire.

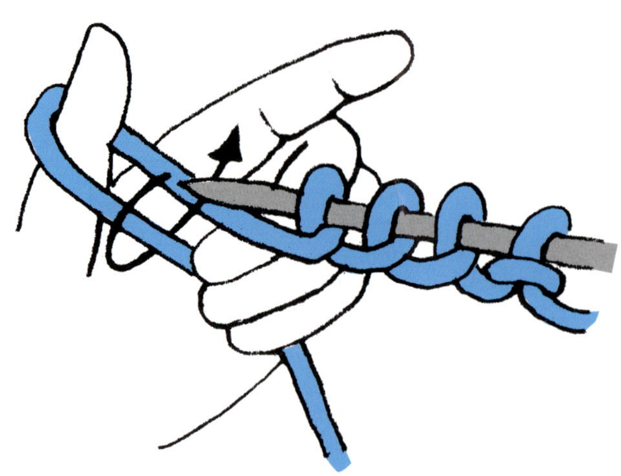

DIMINUER LES MAILLES : Pour diminuer les mailles, c'est-à-dire en réduire le nombre, tu peux tricoter deux mailles ensemble. Pour cela, pique ton aiguille droite, non pas dans une seule maille de ton aiguille gauche, mais dans deux mailles. Tricote-les ensemble, comme s'il s'agissait d'une seule maille.

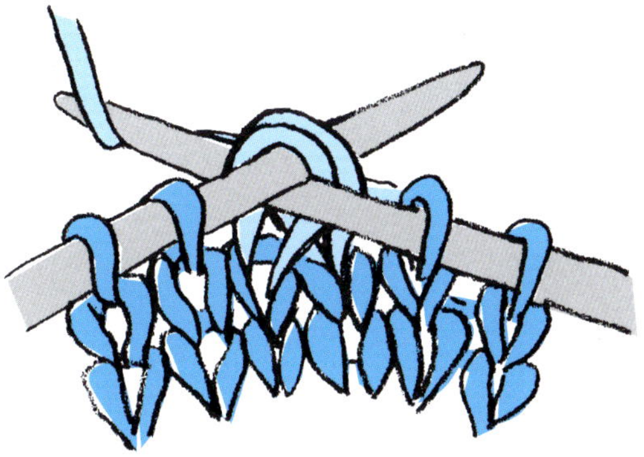

ARRÊTER LES MAILLES : Si ton tricot est terminé, tu dois arrêter les mailles pour éviter qu'elles ne se défassent. C'est très facile : tricote deux mailles et fais passer la première au-dessus de la deuxième. Pour que ton rang ne se déforme pas, évite de trop serrer les mailles.

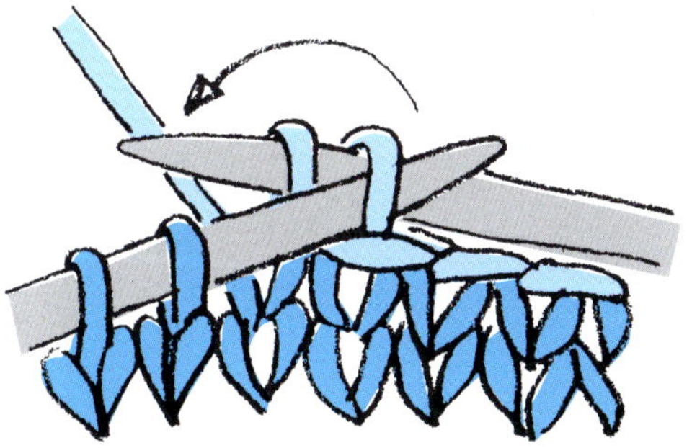

Un monstre

MATÉRIEL
Laine épaisse
3 aiguilles à tricoter
Perles en bois
Ouate de rembourrage
Ciseaux
Aiguille à broder à bout rond

Ce monstre, tricoté entièrement en point jersey, a un devant et un dos, pour lesquels tu peux choisir des couleurs différentes. Commence par le devant.

RÉALISATION

- Pour faire la première jambe, monte cinq mailles. Tricote ensuite environ huit rangs de mailles en alternant un rang de point endroit et un rang de point envers (voir page 128). Laisse les mailles sur ton aiguille et tricote de la même manière l'autre jambe, avec les deux autres aiguilles.

- Pour le neuvième rang, tricote avec la troisième aiguille d'abord les mailles de la première jambe, puis augmente le rang de trois mailles (voir page 128) et tricote les mailles de la deuxième jambe. Toutes les mailles du pantalon du monstre se trouvent maintenant sur une seule aiguille. Tricote encore quelques rangs sur toutes les mailles.

- Une fois que tu as atteint le haut du pantalon, change de couleur. Tricote la première maille du nouveau rang à la fois avec l'ancien et le nouveau fil. Tu peux alors continuer à tricoter avec le nouveau fil et couper l'ancien. Tricote ainsi quelques rangs.

- Augmente ensuite un rang endroit d'environ huit mailles, d'abord sur le côté gauche, pour faire le bras du monstre. Augmente également un rang envers de huit mailles pour réaliser le bras droit du monstre. Tricote trois rangs sur toutes les mailles. Ensuite, arrête d'abord les mailles du bras gauche (voir page 129). Tricote les mailles centrales du corps et celles du bras droit, puis arrête les mailles du bras droit au cours du rang suivant.

- Tricote encore quelques rangs sur les mailles du corps. Pour que la tête soit plus étroite, tricote deux mailles ensemble au début de chaque rang. Une fois que ton monstre a atteint la taille souhaitée, arrête toutes les mailles.

- Fais le dos du monstre de la même manière que le devant. Pose les deux parties envers contre envers et assemble-les au point de surjet (voir page 35). Laisse une ouverture pour rembourrer le monstre avec la ouate. Une fois que c'est fait, referme l'ouverture.

- Sers-toi de perles en bois pour former ses yeux et sa bouche. Tu peux faire le nez avec une boucle en laine.

DES MOTIFS SIMPLES

RANGÉE 1 : Page 128, tu as appris à tricoter uniquement des rangs de mailles endroit ou, alternativement, un rang de mailles endroit et un rang de mailles envers. À gauche, tu peux voir un petit carré effectué au point mousse, donc seulement composé de rangs de mailles endroit.

À droite, tu peux voir un carré effectué au point jersey, c'est-à-dire composé alternativement de rangs de mailles endroit et de mailles envers.

RANGÉE 2 : Ici, les carrés sont exécutés au point de riz. Ce point est composé de mailles endroit et de mailles envers alternées. Pour faire un point de riz simple, comme à gauche, tricote alternativement une maille endroit et une maille envers. Au deuxième rang, fais l'inverse : commence par tricoter une maille envers, puis une maille endroit, puis une maille envers, puis une maille endroit, etc. Le carré de droite est au point de riz doublé, on l'appelle aussi le point de blé. Alterne également les mailles endroit et envers, mais tricote toujours deux rangs identiques et inverse les mailles au troisième rang.

RANGÉE 3 : Le carré de gauche montre le point de côte, un point qui est souvent utilisé pour les cols et les poignets, parce qu'il est élastique. Il faut aussi alterner les mailles endroit et envers, mais elles ne sont jamais inversées, c'est-à-dire que tous les rangs sont identiques.

À droite, tu peux voir un tricot composé de côtes. Pour les réaliser, il faut tricoter un nombre pair de mailles et procéder ainsi :

Rang 1 : Tricote une maille endroit, puis deux mailles envers, et ainsi de suite jusqu'à la fin du rang.

Rang 2 : Tricote une maille envers suivie de deux mailles endroit jusqu'à la fin du rang.

Et ainsi de suite en alternance.

UN PATCHWORK

TRAVAIL DE GROUPE

MATÉRIEL

Laine
Aiguilles à tricoter
Ciseaux
Aiguille à broder à bout rond
Ouate de rembourrage

RÉALISATION

- Ce patchwork demande la participation de beaucoup d'enfants. Chacun peut choisir la laine et le point qu'il préfère, mais il vaut mieux déterminer à l'avance les dimensions des carrés (par exemple 10 × 10 cm), pour faciliter leur assemblage à la fin.

- Les carrés peuvent être réalisés au point mousse, au point jersey (voir page 128), au point de riz ou au point de blé (voir page 132). Chaque enfant peut aussi imaginer ses propres motifs, à partir de mailles endroit et envers.

- S'il y a suffisamment de carrés pour confectionner une couverture ou un coussin, on peut les coudre bord à bord. Pour un coussin, le dos sera constitué d'un seul morceau de tissu, ou bien d'un carré ou d'un rectangle de laine tricoté aux bonnes dimensions. Tu trouveras des explications sur la manière de coudre un coussin page 54. Tu peux ensuite le rembourrer avec de la ouate.

◀ Patchwork : Zoé et Max, 9 et 11 ans

Un bonnet

MATÉRIEL

Laine
Grosses aiguilles à tricoter
Aiguilles à tricoter fines
Mètre ruban
Ciseaux
Aiguille à broder à bout rond

Pour faire ce bonnet, il faut employer un motif de côtes. Celui-ci est décrit page 132.

RÉALISATION

- Mesure d'abord ton tour de tête, puis monte suffisamment de mailles pour que la largeur du tricot lui corresponde.

- Tricote avec les grosses aiguilles un rectangle composé d'un motif de côtes. Une fois que tu es arrivé à peu près aux deux tiers de la hauteur souhaitée pour ton bonnet, utilise les aiguilles plus fines pour tricoter les derniers rangs. Ainsi, le haut de ton bonnet sera plus étroit, sans que tu aies besoin de diminuer les mailles.

- Il est inutile d'arrêter les mailles à la fin. Sers-toi d'une aiguille à broder à bout rond pour passer ton fil à travers toutes les mailles. Tire ensuite fortement sur le fil pour rapprocher les mailles, puis couds l'arrière du bonnet et arrête le fil.

LE JACQUARD

Lorsque l'on fait apparaître sur son tricot un motif, une frise, une image, on parle alors de jacquard. Un tricot jacquard est réalisé avec au moins deux laines de couleurs différentes. Pour faire ton image, tu devras donc changer de fil en cours de tricot.

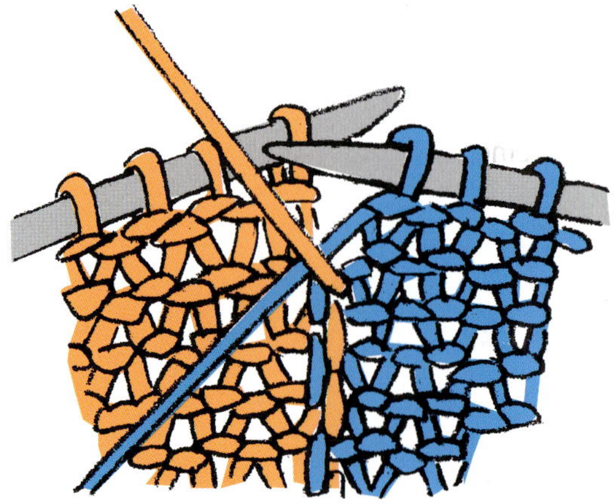

Pour éviter que des espaces apparaissent entre les différentes surfaces tricotées, tu peux utiliser une astuce : croise les fils au dos de l'ouvrage chaque fois que tu changes de couleur, comme le montre le dessin.

Pour que le jacquard soit bien visible, utilise un point jersey. Si la surface des motifs de différentes couleurs n'est pas très grande, il est inutile de travailler avec des pelotes de laine. Tu peux faire courir les fils derrière ton travail.

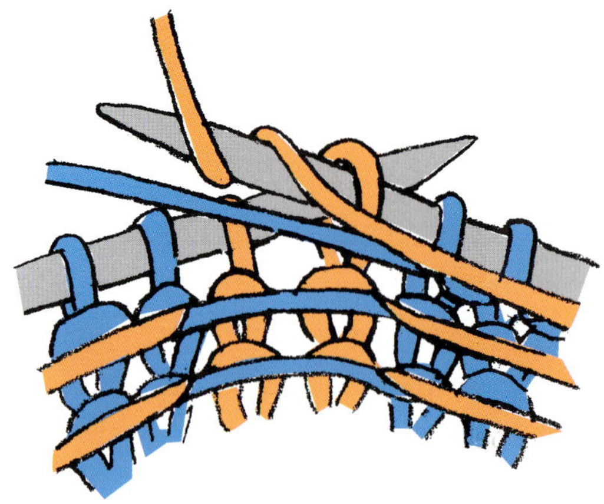

Voici une grille jacquard qui reproduit l'image que l'on va tricoter. Tu peux créer toi-même une grille très simplement. Il suffit de prendre une feuille de papier à carreaux et de dessiner ton motif dessus. Chacun des carreaux représente une maille.

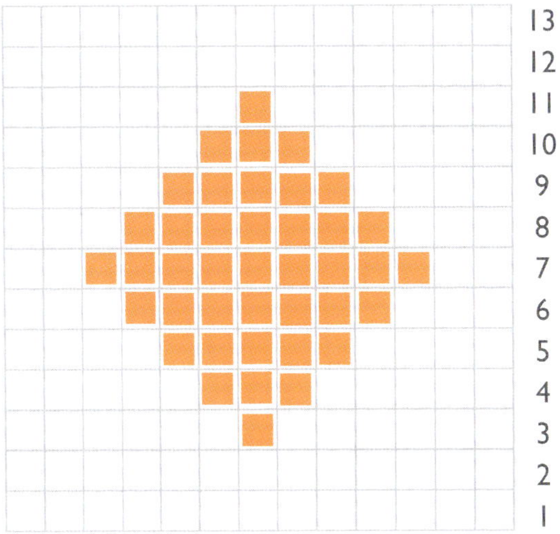

Une grille se lit de bas en haut et les rangs seront aussi tricotés de bas en haut. Les rangs endroit seront tricotés de droite à gauche et les rangs envers de gauche à droite. Tu peux écrire leur numéro sur le côté de ta feuille. Il est utile de couvrir avec un bout de papier les rangs qui sont situés au-dessus de celui que tu es en train de tricoter. Ainsi, tu sauras toujours exactement où tu en es.

Quand un motif est très petit, il n'est pas toujours utile de le faire au tricot. Tu peux alors le broder au point de maille. Pique ton aiguille sous la maille que tu dois broder. Passe-la ensuite autour de la maille. Pour finir, pique de nouveau à l'endroit où tu as piqué au début, puis au centre de la maille voisine.

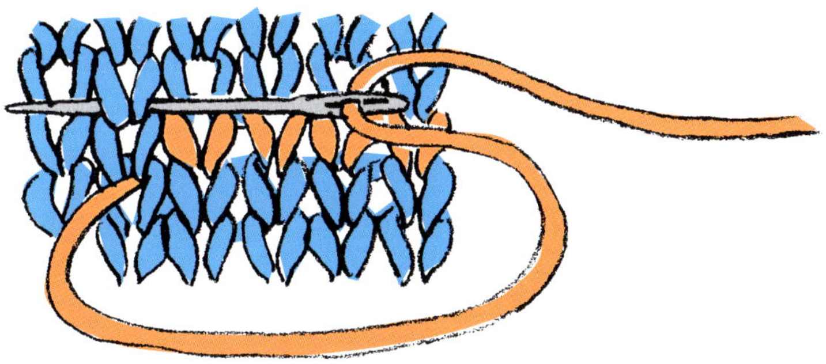

UNE IMAGE DE VACANCES

MATÉRIEL

Laine
Aiguilles à tricoter
Objets ramassés sur la plage
Ciseaux
Aiguille à broder à bout rond

RÉALISATION

- Tricote une image composée de plusieurs surfaces de couleur, par exemple une surface verte, qui représentera une prairie, et deux bleues, qui représenteront l'eau et le ciel. Pense à croiser les fils au dos de ton ouvrage quand tu changes de couleur (voir page 138).

- Quand ton image est terminée, tu peux broder au point de maille des nuages, des mouettes ou des feuilles (voir page 139).

- Enfin, tu peux coudre dessus des objets que tu as trouvés pendant tes vacances : des petits coquillages ou cailloux, des morceaux de bois flotté, des plumes de mouette, etc. Ainsi, ton tricot te permettra de conserver un souvenir de tes vacances, un peu comme une photographie ou un extrait de ton journal intime !

TRICOTER AU TRICOTIN

Jusqu'ici, tu as tricoté en formant des rangs. Mais on peut aussi tricoter en rond et ainsi créer des ouvrages en forme de tube.

Pour tricoter en rond, tu peux utiliser une aiguille circulaire, mais cela ne permet de créer que des tubes avec un grand diamètre. Tu peux aussi employer un jeu de cinq aiguilles, comme pour tricoter des chaussettes, mais cette technique est compliquée. Le plus simple est de se servir d'un tricotin.

Il existe des tricotins pour faire des grands ouvrages circulaires (voir le dessin). Ces modèles ont un plus grand diamètre qu'un petit tricotin en bois. Ils permettent donc de réaliser des ouvrages plus larges.

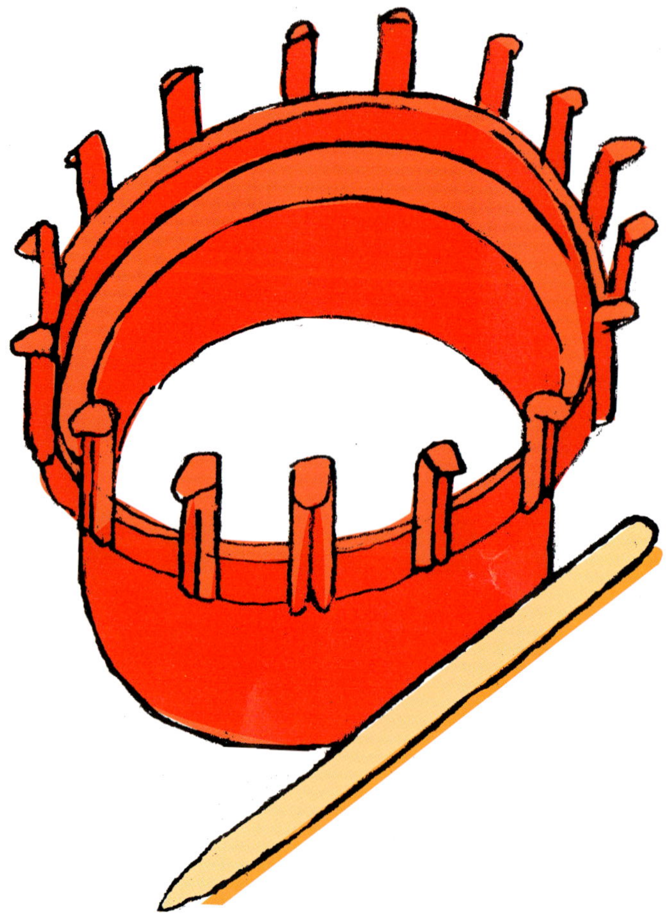

COMMENCER L'OUVRAGE : Passe d'abord ton fil à travers l'ouverture du tricotin en bois ou de ton grand tricotin. Enroule-le ensuite autour de tous les crochets, dans le sens inverse des aiguilles d'une montre.

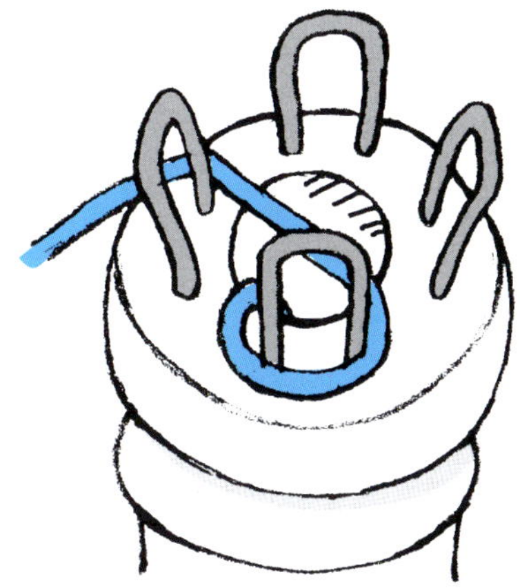

TRICOTER : Une fois que tous les crochets sont entourés de fil, passe celui-ci au-dessus de la boucle du premier crochet. Avec un bâtonnet ou un crochet, passe ensuite la boucle par-dessus le fil et le crochet. Fais plusieurs tours de cette manière. Bientôt, ton tricot sortira de l'autre côté du tricotin. Quand il aura atteint la longueur que tu souhaites, enlève avec précaution les boucles des crochets. Coupe le fil et fais-le passer à travers toutes les boucles, à l'aide d'une aiguille à broder. Quand tu tireras sur le fil, elles se resserreront.

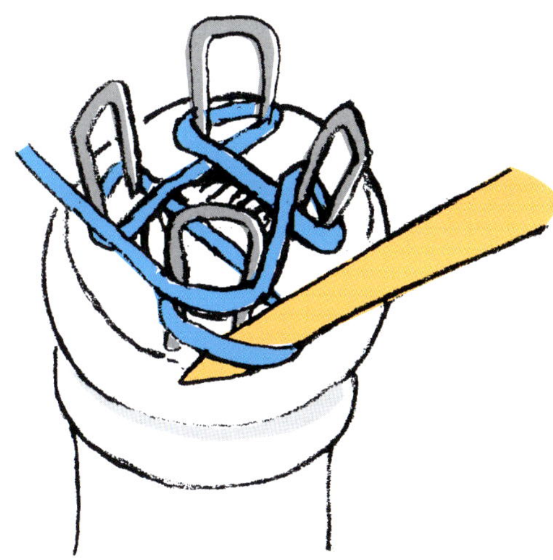

UN DRAGON CRACHEUR DE FEU

MATÉRIEL

Grand tricotin
Laine
Feutrine
Perles en bois
Ciseaux
Aiguille à broder à bout rond
Aiguille à coudre
Fil à coudre

RÉALISATION

- Avec un grand tricotin circulaire, forme un long tube qui constituera le corps de ton dragon.

- Découpe ensuite de grandes ailes dans la feutrine. Tu peux aussi créer une double rangée d'épines sur le dos de ton dragon. Enfin, si tu veux qu'il crache du feu, découpe quelques flammes dans la feutrine.

- Couds toutes les parties en feutrine sur le tube en tricot. Sers-toi de perles en bois pour faire les yeux et les naseaux du dragon.

- Après l'avoir rembourré avec la ouate, referme l'ouverture.

▲ Tu peux créer beaucoup d'autres personnages ou animaux de cette manière, par exemple un poisson.

DES MAILLES BOUCLETTES

Les mailles bouclettes sont particulièrement jolies ; elles permettent de créer des tissus doux, par exemple pour un tapis douillet. Toutefois, elles ne sont pas faciles à faire. Il faut avoir un peu l'habitude du tricot.

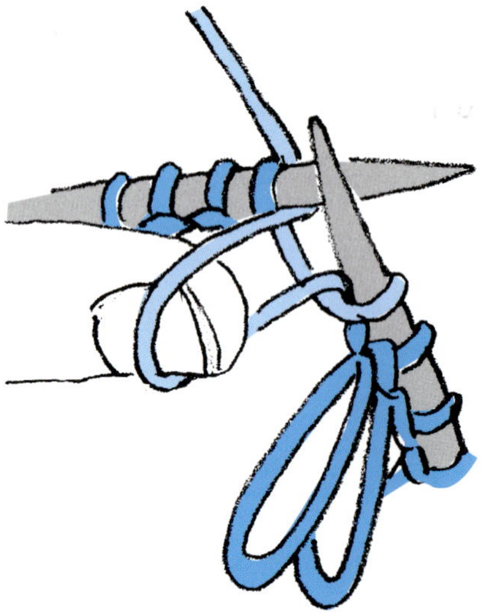

Après avoir monté tes mailles, tricote un premier rang de mailles endroit. Commence à faire des mailles bouclettes au deuxième rang : pique dans une maille comme quand tu tricotes à l'endroit. Passe la laine autour de l'aiguille droite, toujours comme pour une maille endroit. Pour l'instant, la maille reste sur l'aiguille gauche. Place le fil devant l'aiguille et autour de ton pouce gauche. Allonge-le avec ton pouce afin de former une boucle d'environ 3 cm de long.

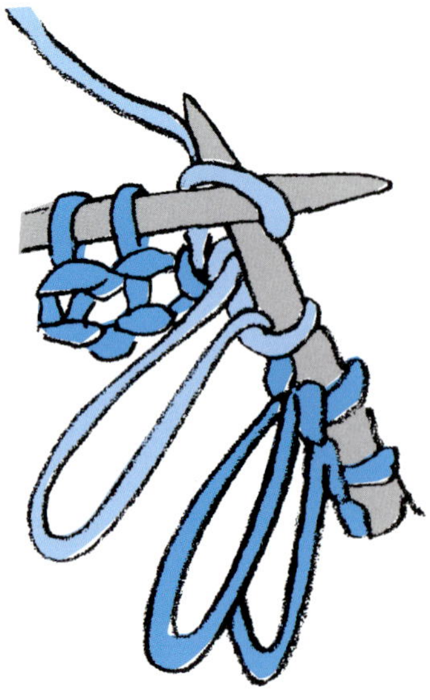

Passe maintenant le fil derrière l'aiguille gauche et pique de nouveau dans la maille. Tricote une maille endroit en la faisant glisser sur l'aiguille droite.

Passe ensuite le fil devant la maille suivante, comme pour tricoter des côtes (voir page 132). On appelle cela un « jeté ». Fais ensuite passer les deux mailles au-dessus du jeté, comme quand tu arrêtes des mailles (voir page 129). Répète l'opération jusqu'à la fin du rang.

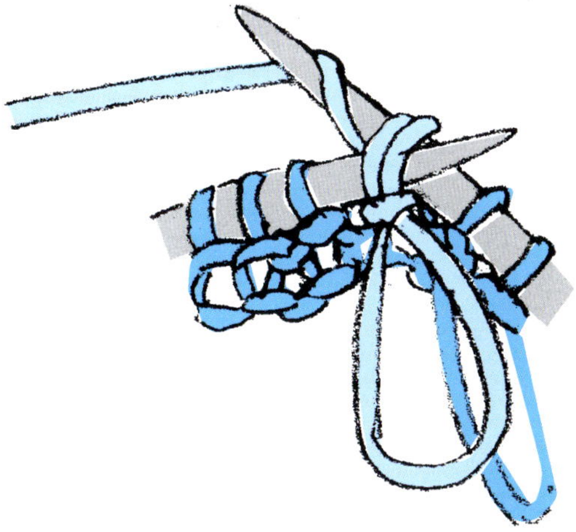

Le rang suivant ne sera composé que de mailles endroit. Fais ensuite un rang de mailles bouclettes. Continue ainsi jusqu'à ce que ton tricot soit assez grand.

UNE PRAIRIE

MATÉRIEL

Laine verte épaisse
Aiguilles à tricoter
Crochet
Ciseaux
Aiguille à broder à bout rond

RÉALISATION

- Tricote une surface verte constituée de mailles bouclettes, comme c'est décrit dans les pages précédentes.

- Coupe ensuite toutes les boucles. Les fils de laine verte ressembleront à de l'herbe.

- Si tu en as envie, tu peux faire quelques fleurs au crochet en suivant les explications de la page 102, puis les coudre sur ta prairie.

TRICOTER AVEC LES DOIGTS

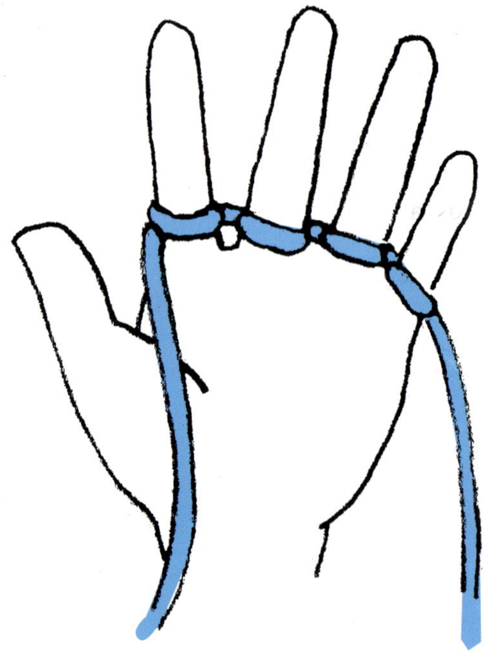

- Tu peux tricoter avec tes doigts en te servant d'une ficelle et en réalisant des mailles très lâches. Tes doigts joueront le rôle des crochets d'un tricotin.

- Tourne la paume de ta main vers ton visage. Enroule la ficelle autour de ton index, de ton majeur, de ton annulaire puis de ton auriculaire, en tournant à chaque fois dans le sens des aiguilles d'une montre. Ton pouce doit rester libre.

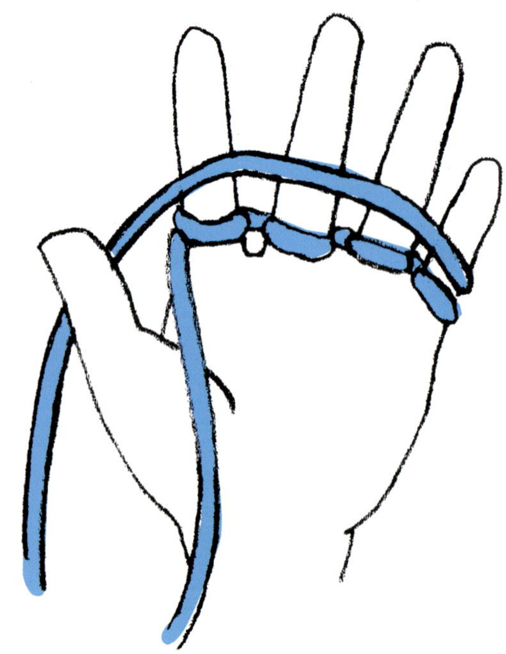

- Passe ensuite la ficelle au-dessus des boucles formées autour de tes doigts.

- Comme avec un tricotin, passe chaque boucle par-dessus la ficelle et ton doigt. Commence par l'index. Une fois que tu as passé toutes les boucles par-dessus tes doigts, fais à nouveau passer la ficelle provenant de ton auriculaire sur la paume de ta main et passe à nouveau chaque boucle par-dessus la ficelle et ton doigt. Commence toujours par l'index.

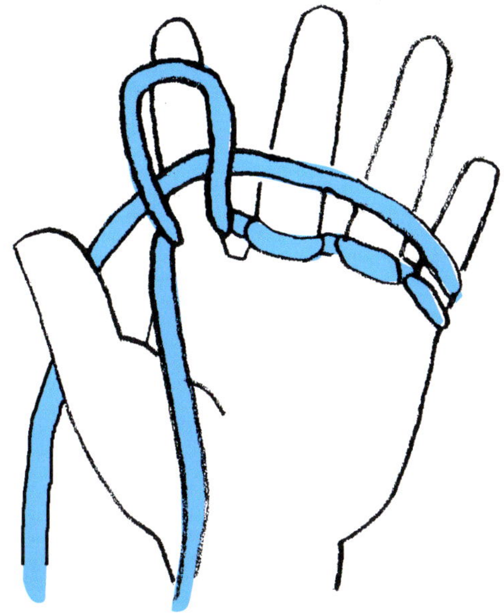

- Le tricot se forme au dos de ta main. Quand il a atteint les dimensions souhaitées, coupe la ficelle. Enlève avec précaution les boucles de tes doigts, puis passe la ficelle à travers toutes les boucles et tire dessus.

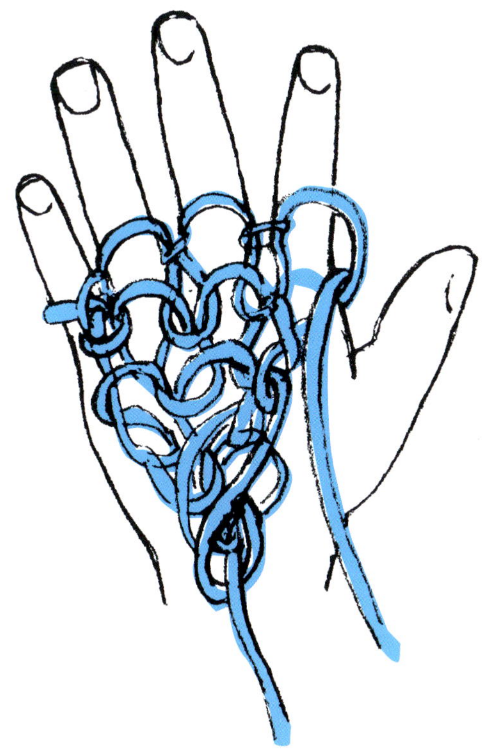

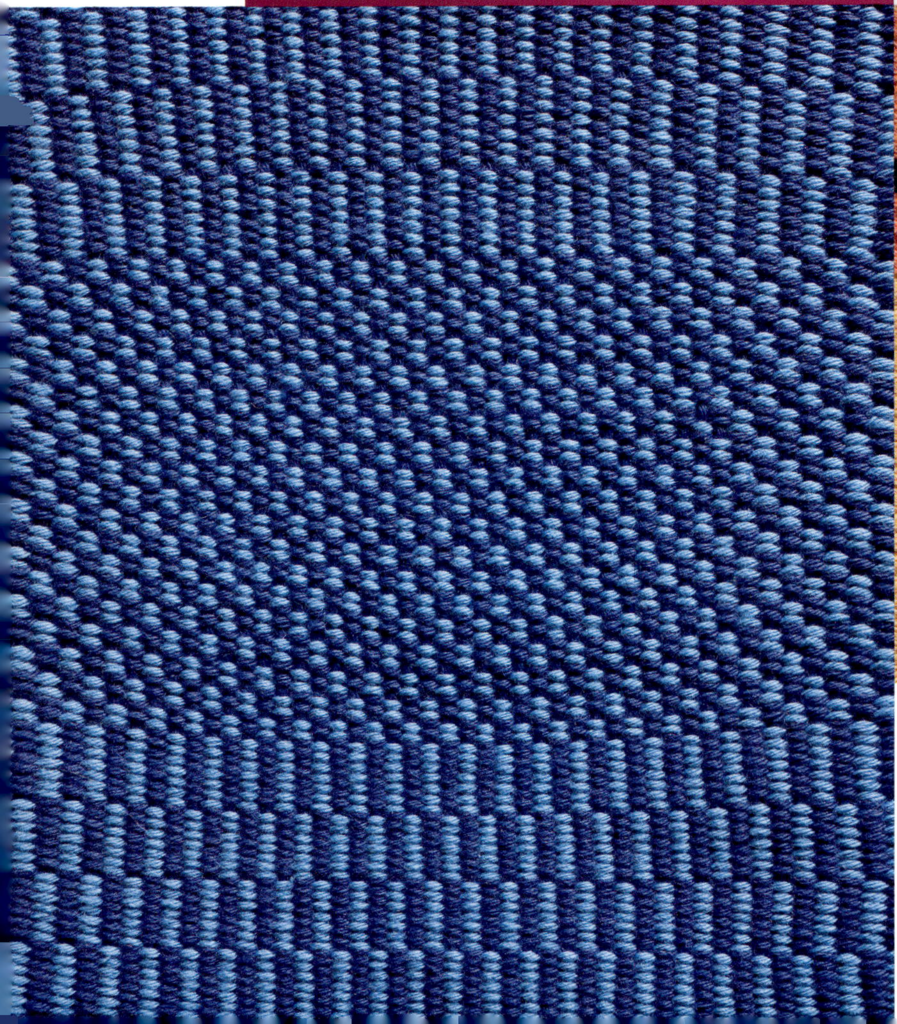

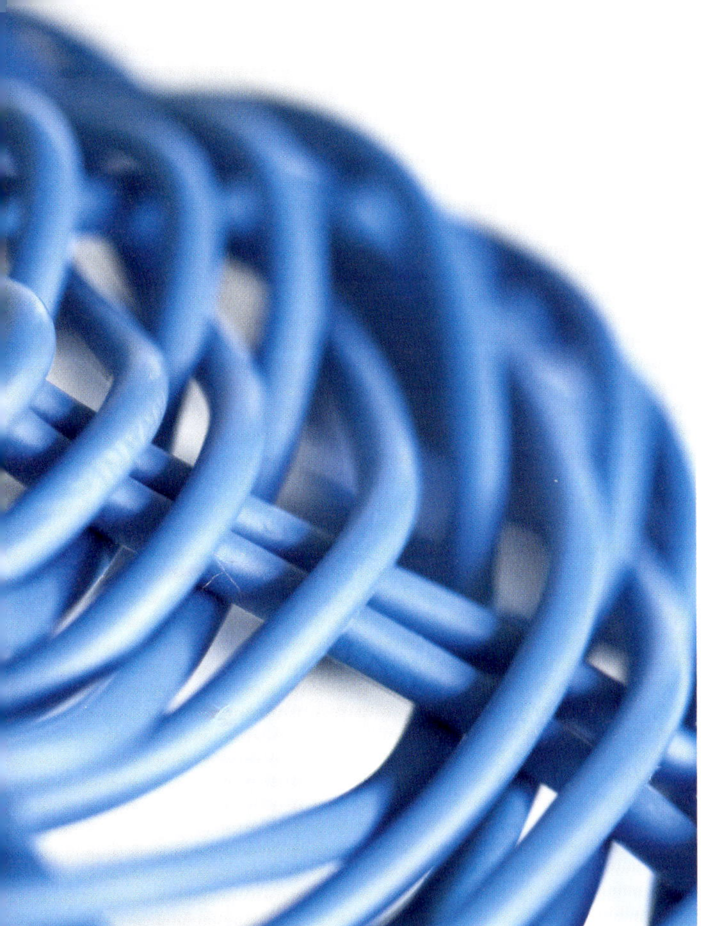

TISSER
TRESSER
NOUER

TISSER

Un tissage comporte deux types de fils : les fils de chaîne et les fils de trame. Les premiers sont tendus sur un cadre et les seconds sont tissés sur les fils de chaîne, c'est-à-dire passés alternativement par-dessus puis par-dessous les fils de chaîne.

Pour tisser, tu peux utiliser un petit métier à tisser. Un métier comporte en haut et en bas des rouleaux transversaux, appelés « ensouples », munis d'encoches. Au centre du cadre se trouve une partie mobile, le peigne.

⊙

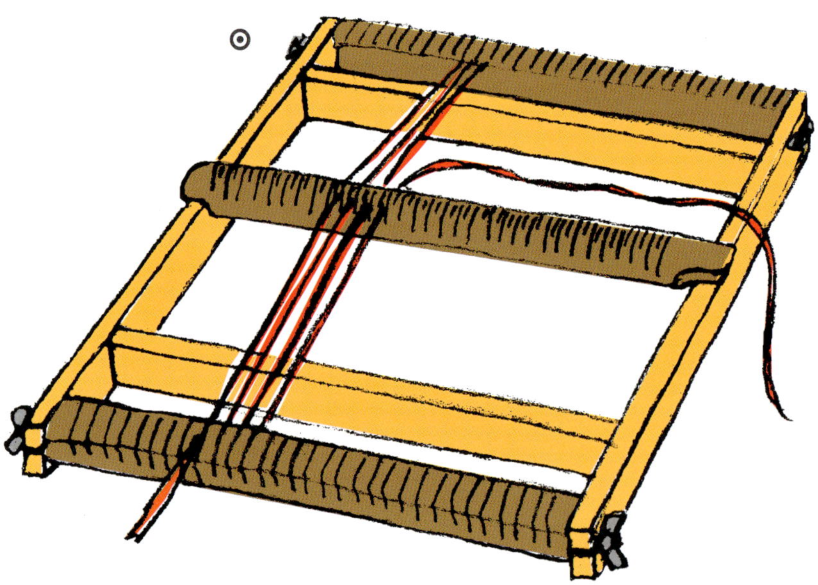

⊙ TENDRE LES FILS SUR LE MÉTIER À TISSER : Tu dois d'abord nouer ton fil autour du rouleau du bas, puis le tirer vers le haut, le faire passer à travers une encoche du peigne et l'accrocher sur le rouleau du haut. Ramène ensuite le fil vers le bas, en le faisant passer par l'encoche suivante du peigne. Le fil passe toujours deux fois dans les encoches des rouleaux, alors qu'il ne passe qu'une fois dans celles du peigne. Quand tu as tendu suffisamment de fils de chaîne, noue ton fil autour du rouleau du haut. Tu peux le tendre un peu plus en tournant vers l'extérieur l'un des rouleaux. Pour cela, dévisse légèrement les vis à ailettes présentes sur les côtés du rouleau et revisse-les bien ensuite.

LE TISSAGE : Une fois que tu as installé les fils de chaîne, tu peux commencer le tissage. Enfile un fil sur une aiguille à tisser ou enroule-le autour d'une petite navette en bois. Quand tu tournes le peigne vers l'avant ou l'arrière, un espace, ou « foule », apparaît entre les fils de chaîne. Passe alors ton fil de trame entre les fils de chaîne, en le coudant légèrement.

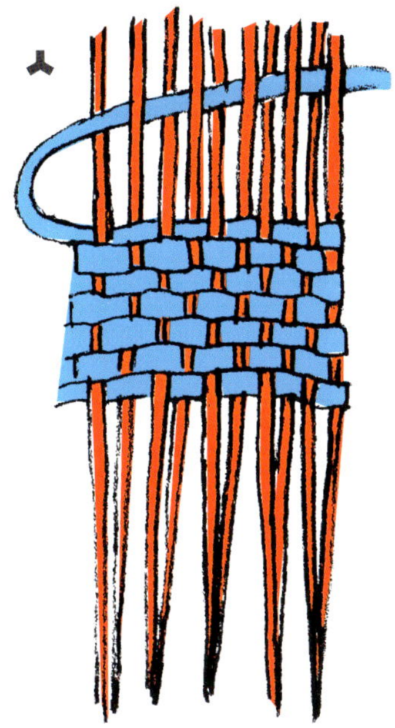

✖ LE MONTAGE : Prends un peigne et pousse les fils en direction du rouleau du bas. On dit alors que tu « tasses les fils de trame ». Tourne le peigne du métier à tisser après chaque rang. Ainsi, tu soulèveras les fils de chaîne qui se trouvent sur le dessous et tu abaisseras ceux qui sont sur le dessus. Fais bien attention à ne pas trop serrer le fil de trame autour du fil de chaîne extérieur, sinon ton tissage deviendra de plus en plus étroit vers le haut.

✖

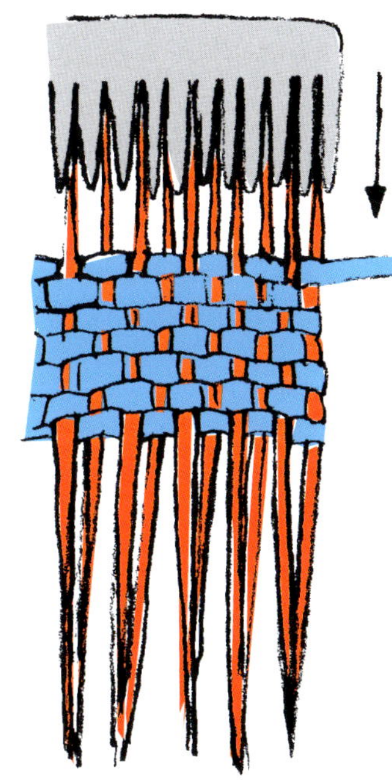

✚ DÉMONTER LE TISSAGE : Quand ton tissage est terminé, défais les vis à ailettes et tourne le rouleau du haut ou du bas vers le tissage. Tu peux ensuite enlever les fils de chaîne des encoches. Noue-les alors ou insère-les avec précaution dans le tissage, sur un côté.

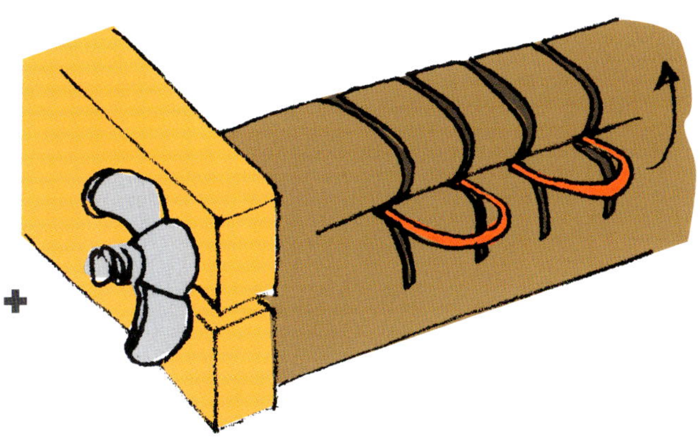

✚

UNE ARMURE REPS DE TRAME

MATÉRIEL

Fils de coton
Petit métier à tisser
Ciseaux

La manière dont les fils de chaîne et de trame sont entrelacés est appelée « armure ». Dans une armure reps, seuls les fils de chaîne ou de trame sont visibles. Le tissage présenté ici est une armure reps de trame, car les fils de trame sont si serrés qu'ils recouvrent complètement les fils de chaîne.

RÉALISATION

- Travaille avec deux fils, par exemple un foncé et un clair. Passe d'abord ton aiguille à tisser ou ta petite navette, avec le fil foncé, de gauche à droite à travers l'espace entre les fils de chaîne (voir pages précédentes).

- Tourne ensuite le peigne du métier à tisser et passe ton aiguille ou ta navette, cette fois avec le fil clair, de la gauche vers la droite.

- Tourne encore le peigne, puis passe ton fil foncé de la droite vers la gauche, et ainsi de suite. N'oublie pas de bien tasser les fils de trame (voir page précédente).

- Au bout de quelques rangs, tu peux décaler ton motif. Pour cela, ne tourne pas le peigne mais passe le fil foncé et le fil clair à travers le même espace. Continue ensuite de la même manière.

- Une fois que ton tissage a atteint les dimensions souhaitées, détache les fils de chaîne. En tirant avec précaution sur leur extrémité supérieure, tu peux éliminer les boucles sur le bord inférieur du tissage. Coupe alors les boucles du bord supérieur et noue les fils trois par trois. Pour finir, égalise les franges obtenues pour qu'elles aient la même longueur.

Un gentil dragon

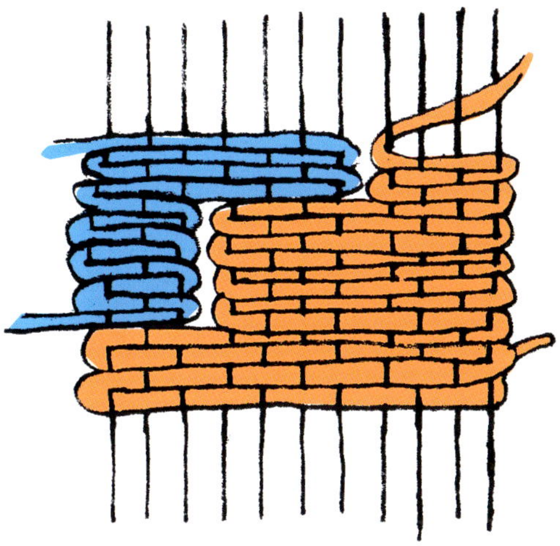

MATÉRIEL

Fils de coton
Petit métier à tisser
Ciseaux
Aiguille à broder à bout rond
Crayons de couleur
Papier

RÉALISATION

- Il faut du temps pour tisser une image, mais c'est amusant ! Commence par dessiner sur une feuille de papier, avec des crayons de couleur, le motif que tu veux tisser. Ainsi, tu pourras te reporter à ton dessin pendant que tu tisseras.

- Pour tisser une image, il est plus simple d'utiliser une aiguille qu'une navette. En effet, il faut souvent changer de couleur. Certaines surfaces de couleur sont même très petites. Il est important que le fil de trame passe toujours alternativement par-dessus et par-dessous les fils de chaîne.

- Quand tu changes de couleur, tu peux croiser les fils derrière le tissage. (Te souviens-tu ? Tu l'as déjà fait page 138, en réalisant au tricot, du jacquard.) Tu peux aussi ne pas le faire. Dans ce cas, des espaces apparaîtront entre les différentes surfaces de couleur (voir le dessin). C'est la technique du kilim, un tapis turc.

- Ton image va apparaître progressivement. Tu n'es pas obligé de la tisser rang après rang : tu peux commencer par réaliser un motif d'une couleur, puis tisser le fond, qui est d'une autre couleur. Par exemple, tu peux d'abord tisser les deux pattes du dragon, puis remplir l'espace qui les sépare avec un fil de la couleur du fond. Tu réaliseras le corps, le cou et la queue en une seule fois, puis tu feras le fond… Et ainsi de suite, jusqu'à ce que ton petit tapis illustré soit terminé.

TISSER EN ROND

Pour tisser, il n'est pas absolument nécessaire de se servir d'un métier à tisser. Tu peux utiliser un support en carton. De plus, il n'est pas indispensable que ce support soit rectangulaire. Il peut être rond.

Pour tisser en rond, découpe un disque en carton dont le diamètre mesure 2 à 3 cm de plus que celui de ton futur tissage. Découpe un nombre impair d'encoches sur le bord du disque et fais un trou au centre. Il sera plus facile de tendre le fil de chaîne si tu numérotes les encoches. Passe-le à travers le trou central du disque, de l'arrière vers l'avant. Insère-le ensuite dans l'encoche 1 et fais-le repasser au dos du disque.

Calcule alors dans quelle encoche tu dois repasser le fil : pour cela, ajoute 3 au nombre total d'encoches, puis divise le total par 2. Si tu as 19 encoches, ton calcul sera le suivant :
19 + 3 = 22
22 ÷ 2 = 11
Insère donc le fil dans l'encoche 1, puis dans l'encoche 11.
Insère-le ensuite dans l'encoche 2, puis dans la 12 et ainsi de suite, jusqu'à ce que toutes les encoches soient occupées. Colle le bout de ton fil sur le dos du disque.

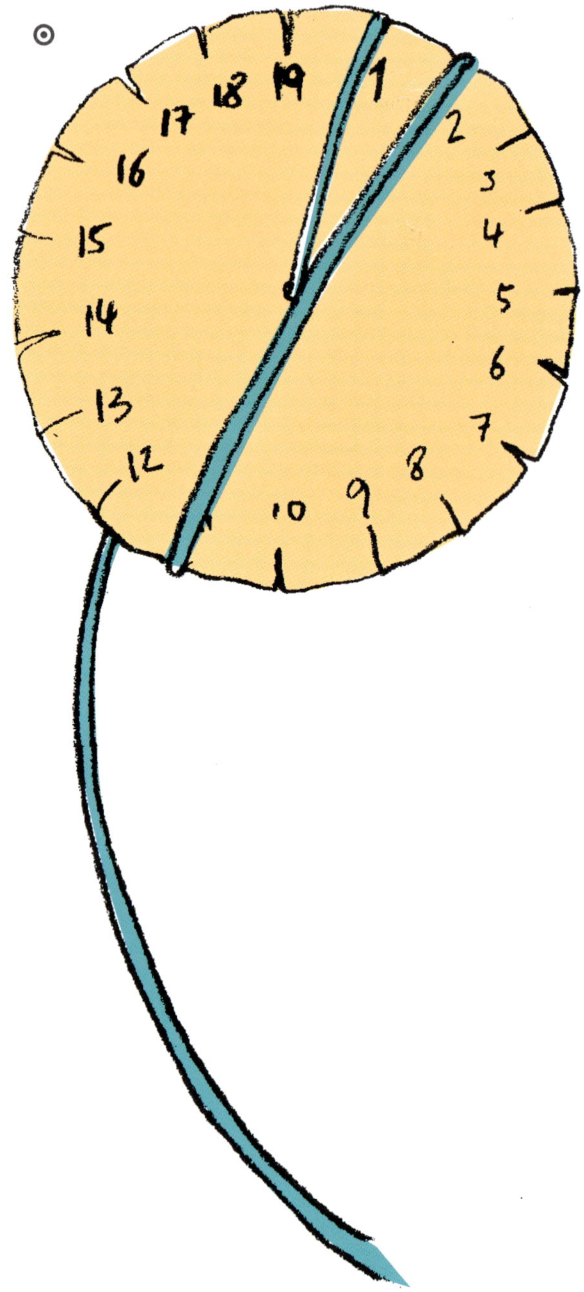

Tu as déjà fait ce qui va suivre. Enfile ton fil de trame sur une aiguille. Passe ensuite ton aiguille alternativement par-dessus, puis par-dessous les fils de chaîne. Comme il y a un nombre impair de fils de chaîne, au deuxième tour, ton fil de trame sera automatiquement décalé par rapport au premier tour, si tu es bien passé alternativement entre les fils de chaîne et si tu n'en as sauté aucun.

Quand ton tissage a atteint les dimensions souhaitées, coupe les fils de chaîne au niveau du centre, au dos de ton disque. Noue ensuite les fils deux par deux ou trois par trois au bord de ton tissage, puis égalise les franges à l'aide de ciseaux.

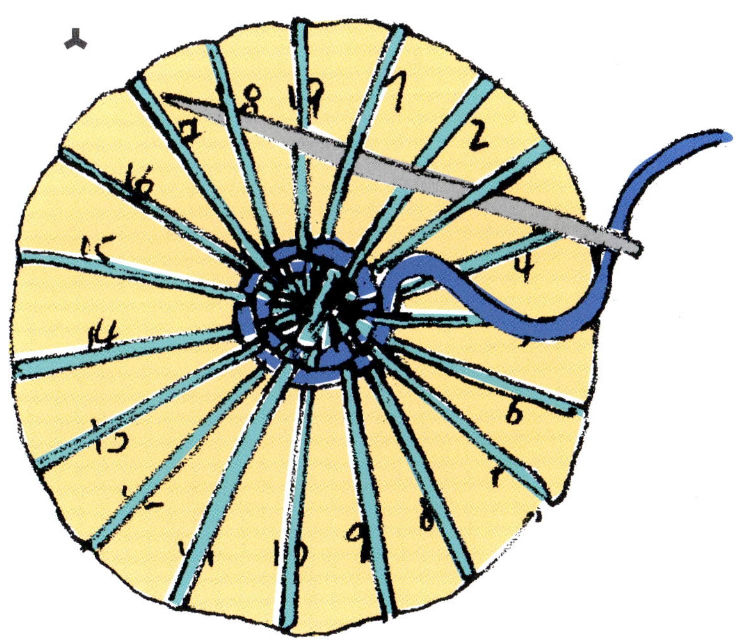

UN DISQUE EN RAPHIA

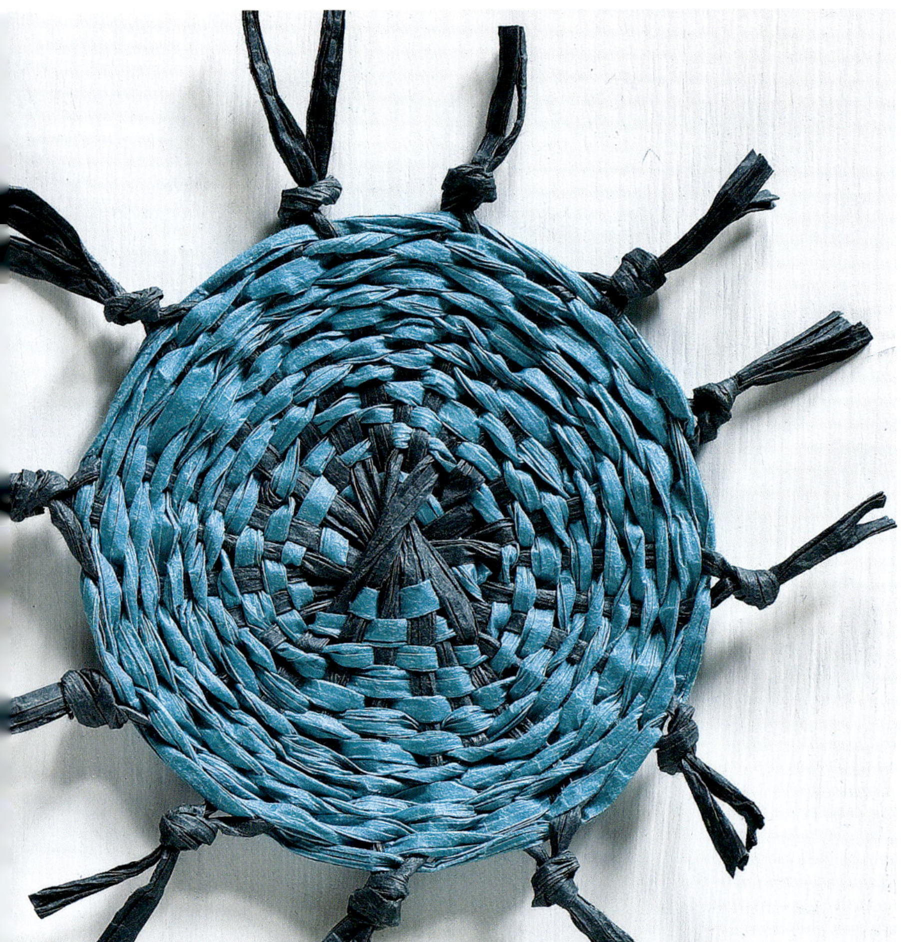

MATÉRIEL

Fils de papier ou raphia
Carton
Assiette pour servir de gabarit
Crayon à papier
Ciseaux
Aiguille à broder à bout rond

RÉALISATION

- Découpe un disque en carton et dispose dessus tes fils de chaîne, comme c'est expliqué aux pages précédentes.

- Tisse ensuite tes fils de trame en rond, jusqu'à ce que ton tissage ait atteint les dimensions souhaitées.

- Noue les fils de chaîne en les serrant bien contre le bord du tissage et égalise les franges.

Ce type de disques en raphia peut servir de dessous-de-plat ou de dessous-de-bouteille.

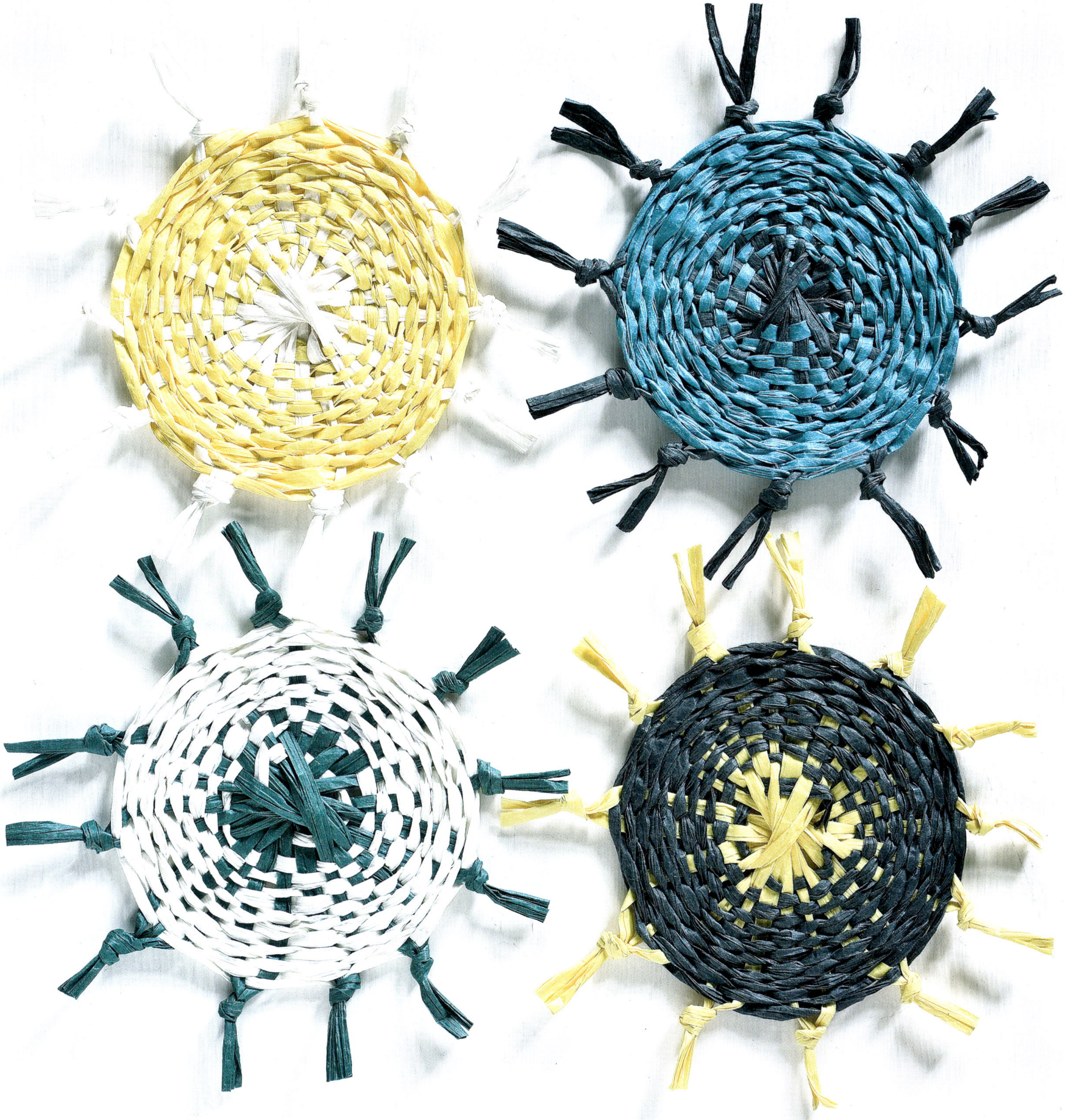

LES TRESSES

Pour faire des tresses, il te faut au moins trois fils ou cordes. Noue ensemble le bout des trois fils pour les réunir. Tu peux attacher ta tresse sur la poignée d'une porte par exemple, afin qu'elle reste bien tendue.

⅄

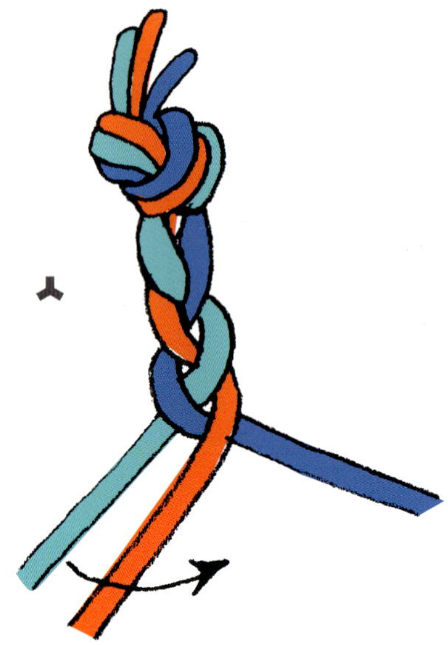

LES TRESSES À TROIS FILS :
Pour faire une tresse avec trois fils, passe alternativement les fils sur les côtés par-dessus le fil du milieu.

⅄ Commence par le fil de gauche et passe-le par-dessus celui du milieu. Le fil qui était à gauche se trouve désormais au centre.

⊙

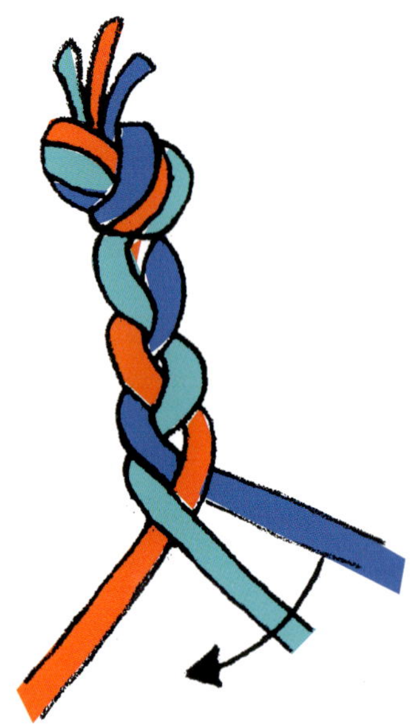

⊙ Passe maintenant le fil de droite par-dessus celui du milieu. Continue ainsi jusqu'à ce que ta tresse ait la longueur souhaitée.

LES TRESSES À QUATRE FILS :
Quand tu fais une tresse avec quatre fils, travaille toujours de gauche à droite.

✚ Prends le fil de gauche et passe-le par-dessus le deuxième fil, puis par-dessous le troisième et enfin par-dessus le quatrième. Continue de la même manière avec le fil qui est désormais sur la gauche.

✖ Passe-le par-dessus le deuxième fil, puis par-dessous le troisième et par-dessus le quatrième. Tu vas ainsi progressivement confectionner une tresse composée de quatre fils.

Avec cinq fils ou plus, procède comme pour une tresse à quatre fils : prends le fil de gauche et passe-le alternativement par-dessus et par-dessous les fils suivants.

✚

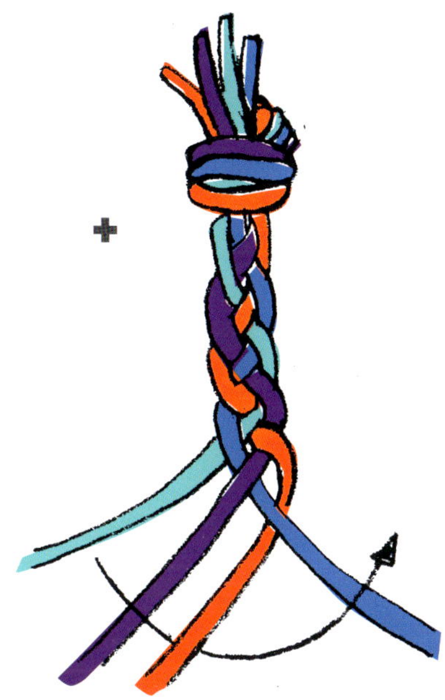

✖

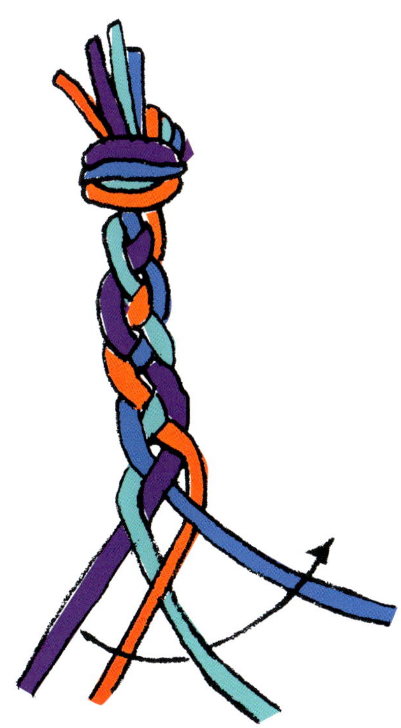

Un collier indien

MATÉRIEL

Chambre à air de vélo usagée
Perles en bois
Ciseaux

RÉALISATION

- Il vaut mieux choisir une chambre à air de vélo qui n'est pas arrondie, mais plate. Coupe sa valve, puis découpe la chambre à air au niveau de son pli, sur toute sa longueur. Lave-la à l'eau savonneuse et essuie-la bien. Découpe-la ensuite en lanières étroites, dans le sens de la longueur.
- Tu sais maintenant comment faire des tresses à partir de trois ou quatre fils : c'est expliqué sur les deux pages précédentes. Ta tresse doit être assez grande pour que tu puisses la passer autour de ton cou et qu'il reste encore une bonne longueur. Termine-la par un nœud.
- Enfile des perles en bois sur les lanières de chambre à air non tressées. Maintiens-les en place en faisant un nœud. À la place des perles, tu peux aussi enfiler la valve de la chambre à air, cela donne un joli effet.

LE TRESSAGE CIRCULAIRE

Le tressage circulaire est une tradition au Japon et en Amérique du Sud. Au Japon, il existe des tabourets de tressage, les marudai, qui permettent de faire du tressage circulaire. Mais tu peux aussi te servir d'un disque en carton, comme pour faire un tissage en rond (voir page 160). Ton disque devra cette fois comporter un nombre pair d'encoches, seize par exemple.

L'idéal est de travailler avec deux couleurs, comme du bleu et du vert. Tu trouveras facilement dans le commerce des pelotes de raphia de différentes couleurs. Coupe deux fils de raphia bleu et deux fils verts. Chacun doit faire environ 80 cm de long. Rassemble-les en une botte, plie-la en deux au milieu et attache un fil autour pour former une boucle. Tu disposes maintenant de quatre fils bleus et quatre fils verts. Enfonce ta boucle dans le trou situé au centre de ton disque en carton.

⅄ Répartis les quatre fils bleus de façon qu'ils soient disposés presque verticalement, en les faisant passer dans deux encoches successives en haut et en bas du disque. De la même manière, dispose les fils verts horizontalement sur le disque.

⅄

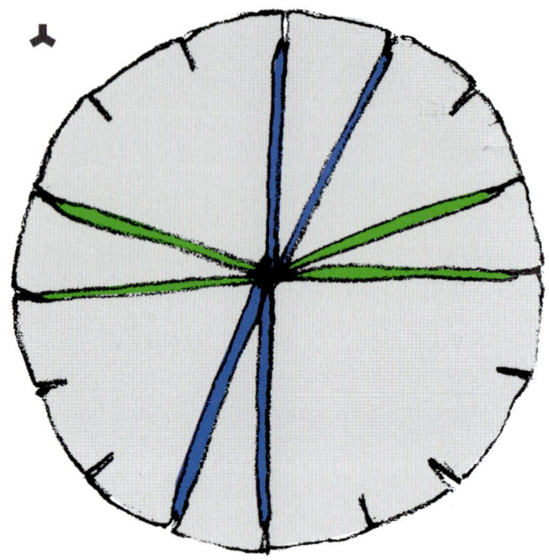

⊙

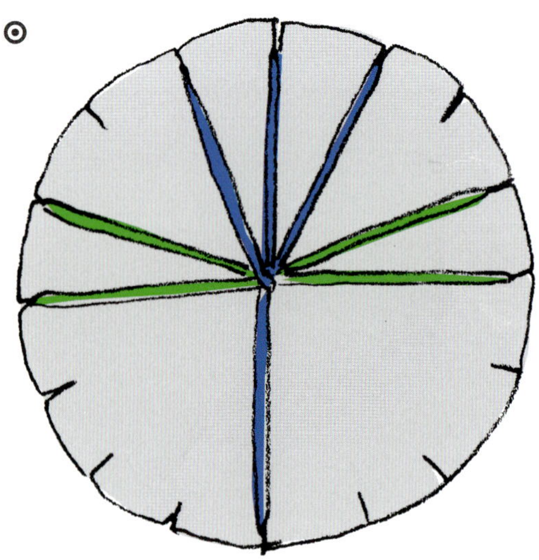

⊙ Tiens la boucle située sous le disque en carton avec ta main gauche. Avec la main droite, tu vas maintenant modifier la position des fils. Prends le fil bleu situé en bas à gauche et remonte-le pour l'insérer dans l'encoche à gauche des deux autres fils bleus.

✚ Prends ensuite le fil bleu situé en haut à droite et descends-le pour l'insérer dans l'encoche à droite de l'autre fil bleu.

✖ Fais faire à ton disque un quart de tour dans le sens des aiguilles d'une montre. Les fils verts sont désormais placés à la verticale. Exécute les mêmes opérations qu'avec les fils bleus. Si tu continues ainsi pendant un certain temps, tu verras apparaître au centre une tresse circulaire avec un motif en spirale.

✚

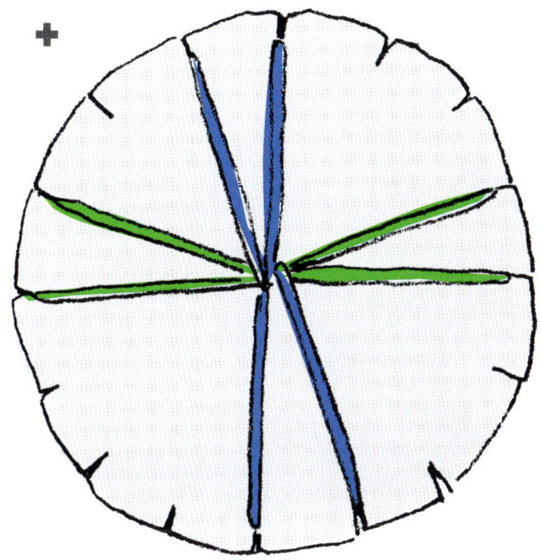

✖

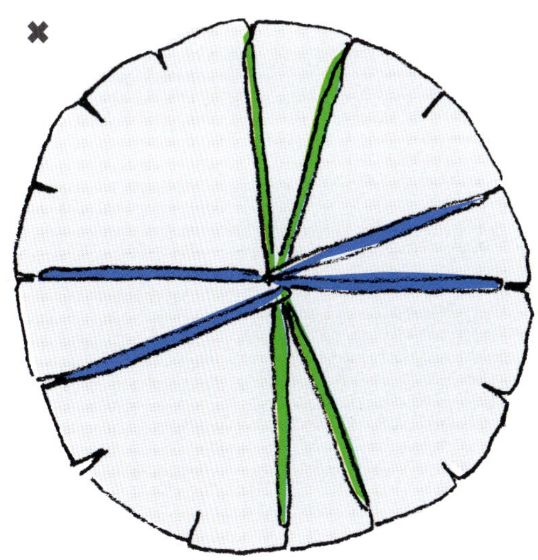

Un bracelet

MATÉRIEL

Raphia de différentes couleurs
Carton
Assiette pour servir de gabarit
Crayon à papier
Ciseaux
Fil à coudre

RÉALISATION

- Fabrique un disque en carton et fais une tresse circulaire en suivant les indications des pages précédentes. Ta tresse doit être suffisamment longue pour que tu puisses la passer facilement autour de ton poignet. Quand elle a atteint la longueur souhaitée, enlève les fils des encoches et tire la tresse par le dessous pour la détacher du disque.

- Raccourcis les fils avec des ciseaux et pose les deux extrémités de ta tresse l'une sur l'autre. Entortille du fil à coudre autour des extrémités et noue-le solidement.

- Sers-toi d'un fil de raphia pour faire une boucle que tu poseras sur le point de jonction des extrémités de la tresse (voir le dessin). Entortille le raphia plusieurs fois autour de la boucle, puis passe-le dans la boucle. Tire ensuite sur les deux bouts du raphia, de façon que la boucle passe sous le fil entortillé. Coupe à ras les extrémités du fil.

TRESSER DES CORBEILLES

Pour tresser des corbeilles, on utilise souvent de l'osier ou du rotin. Mais c'est plus facile avec du fil de fer plastifié pour plantes ou du câble électrique.

Utilise une pince coupante pour découper huit morceaux de câble électrique de même longueur. Ils serviront de montants, c'est-à-dire de fils de trame, à ta corbeille. Réunis-les quatre par quatre et dispose les deux bottes obtenues en croix. Insère un câble mesurant la moitié de la longueur des autres dans la botte du dessous, en plaçant l'une de ses extrémités au centre de la croix.

⊙

⊙ Tresse ensuite ta corbeille en te servant d'un très long câble. Passe-le par-dessus un groupe de quatre câbles, puis par-dessous les quatre câbles suivants, par-dessus les cinq câbles d'après (qui comprennent le demi-câble supplémentaire), puis par-dessous quatre câbles, comme sur le dessin. Fais deux tours de cette manière, puis deux tours dans le sens inverse. Maintenant, les montants de ta corbeille sont maintenus par le câble dont tu vas de servir pour tresser.

✖

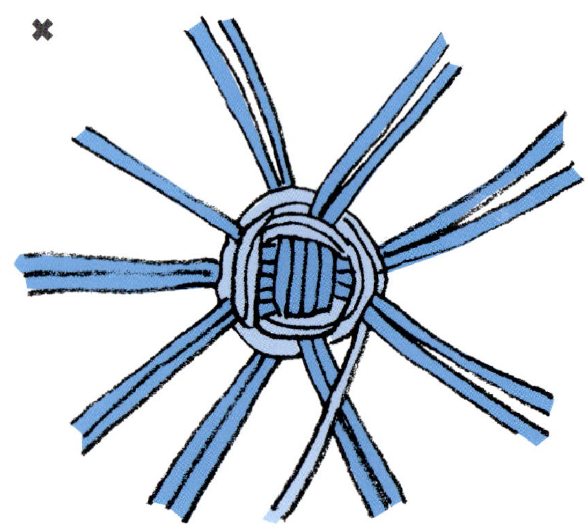

✖ Répartis les montants deux par deux. Pour cela, passe ton câble alternativement par-dessus, puis par-dessous deux montants. Le câble le plus court forme un montant unique. Il joue un rôle important : pour tresser ta corbeille, tu as en effet besoin d'un nombre impair de montants, comme quand tu tisses. Ainsi, ton câble de tressage formera à chaque tour un motif inversé par rapport à celui du tour précédent.

+ Fais plusieurs tours de cette manière et, tout en travaillant, courbe les montants de ta corbeille vers le haut. Si tu souhaites faire une corbeille, il faut les courber fortement, mais si tu veux fabriquer une coupelle, courbe-les moins. Quand l'écart entre les doubles montants devient très grand, tu peux les séparer et passer ton câble de tressage par-dessus puis par-dessous un seul montant à la fois.

Quand ta corbeille ou ta coupelle a atteint la hauteur souhaitée, coupe ton câble de tressage. Insère son extrémité entre les câbles tressés, pour le maintenir. Égalise ensuite la hauteur des montants puis insère-les à côté du montant voisin, entre les câbles. Tu peux aussi ne pas enfoncer complètement les montants entre les câbles de la corbeille, pour qu'ils forment une bordure arquée.

+

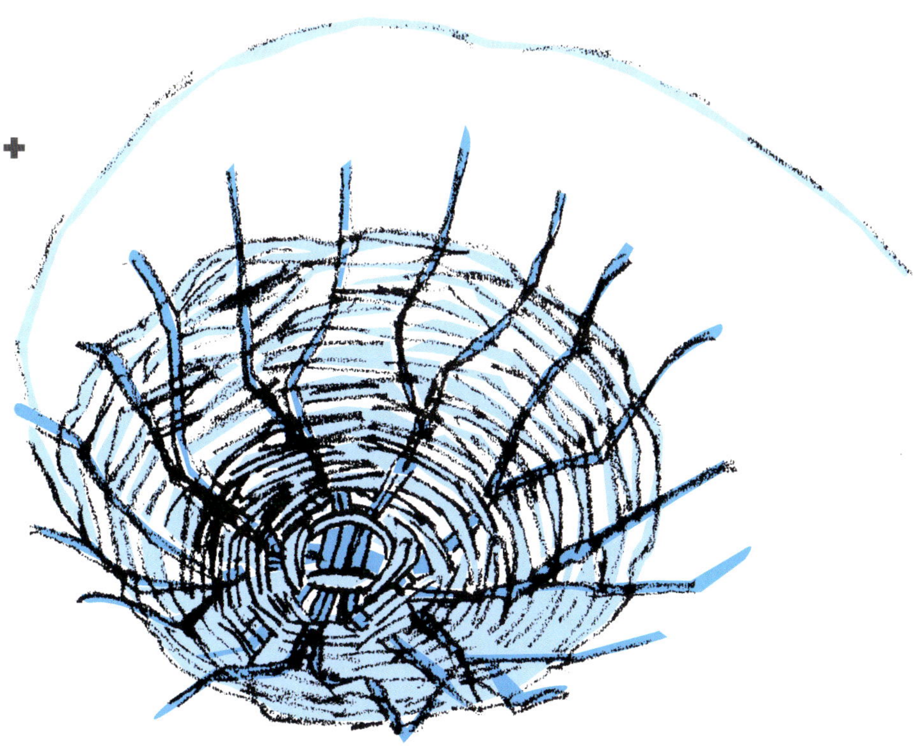

UNE CORBEILLE EN TISSU

MATÉRIEL

Câble électrique
Pince coupante
Bandes de tissu

RÉALISATION

- Sur les pages précédentes, tu as découvert comment confectionner des corbeilles et des coupelles avec du câble électrique. Tu peux aussi les tresser avec des bandes de tissu. Il faut alors fabriquer un support solide avec beaucoup de montants en câble électrique, qui apporteront de la rigidité aux parois.

- Pour faire l'anse de ta corbeille, réunis les montants voisins de façon à former deux bottes opposées. Recourbe ces deux bottes vers l'intérieur pour former une anse et assemble-les en les torsadant ensemble. Enfin, entoure ton anse de câble électrique et/ou de tissu.

Panier : Zoé, 9 ans
Coupelles : Max, 11 ans ▶

LES NŒUDS MARINS

Les nœuds marins doivent être solides et pouvoir être défaits facilement quand on n'en a plus besoin. Même si tu ne fais pas de bateau, il est utile de connaître ces nœuds. Les dessins ci-dessous te montrent comment les réaliser.

Nœuds marins :
Max, 11 ans ▶

⊙ LE NŒUD D'ARRÊT :
Il permet d'attacher une corde fine sur une corde plus épaisse. Il tient tant que l'on tire sur la corde plus épaisse.

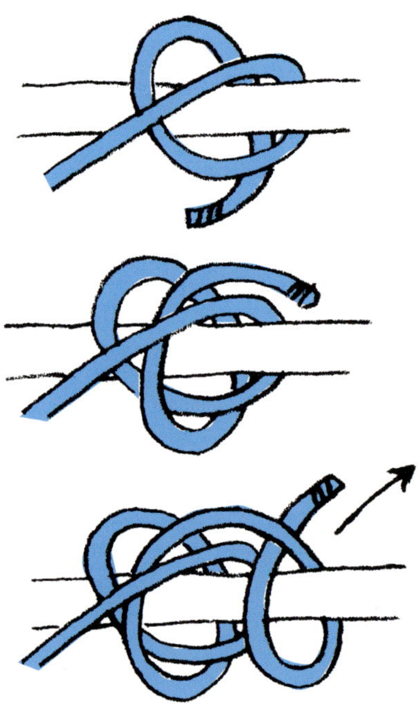

LE NŒUD EN HUIT :
Il empêche que le bout d'une corde glisse à travers un anneau. Il permet aussi de bloquer des palans.

✱ LE NŒUD PLAT : Il sert à lier deux cordes de même épaisseur.

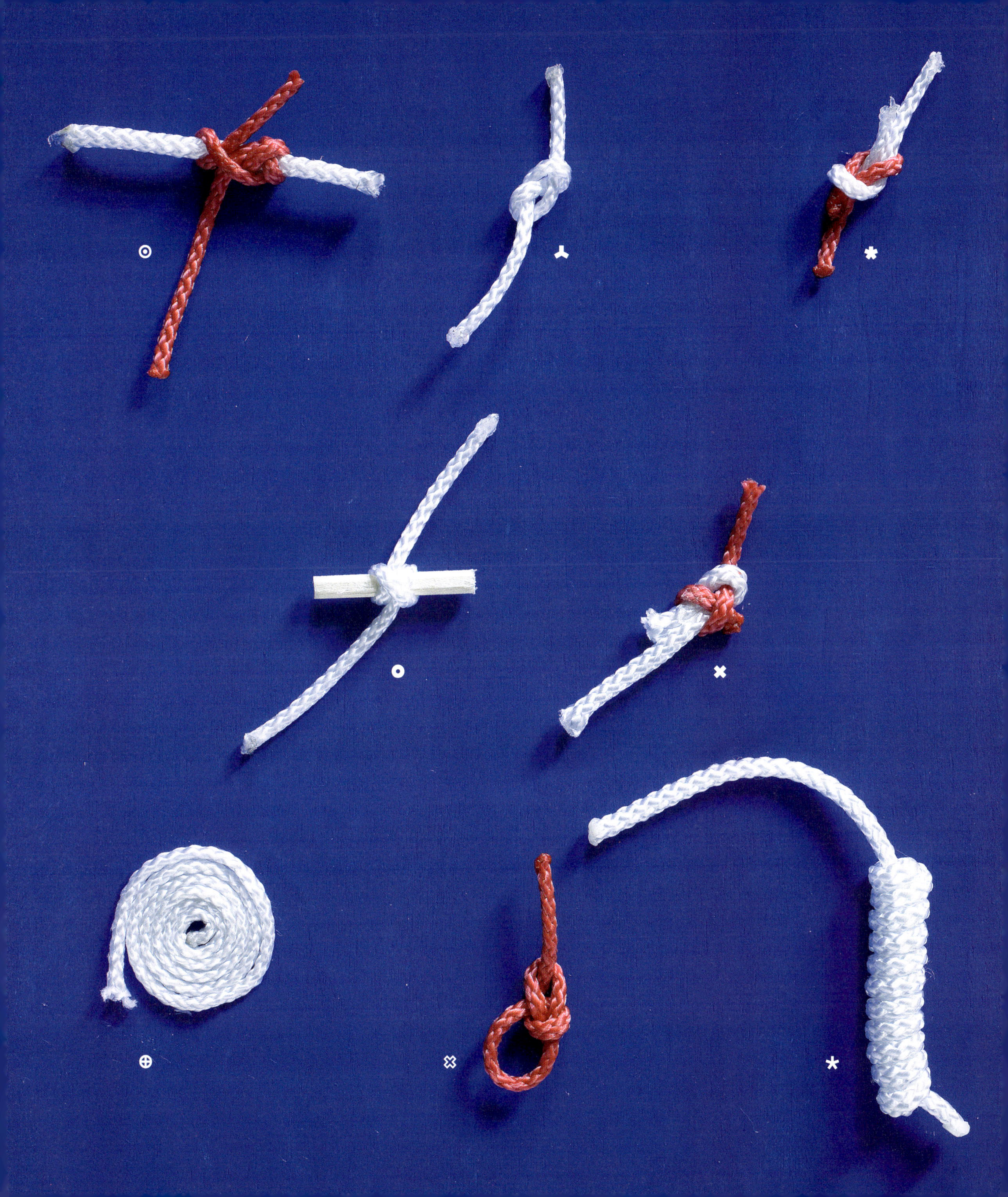

LE NŒUD DE CABESTAN : Aussi appelé « deux demi-clés à capeler », ce nœud sert à amarrer des petits bateaux sur une bitte. Tu peux aussi l'utiliser pour suspendre un objet sur une branche horizontale.

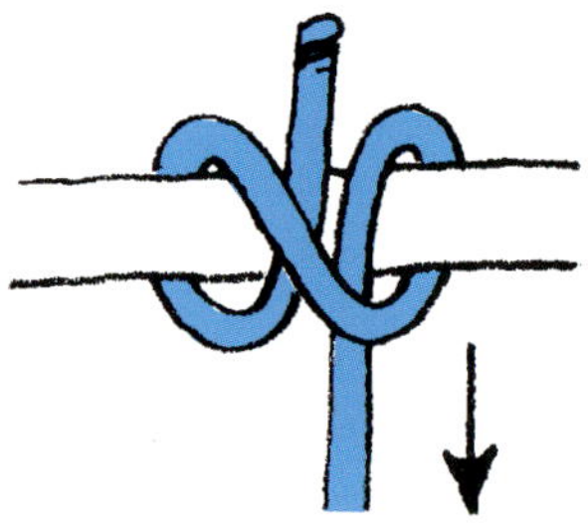

LE NŒUD DE TISSERAND : Il permet de lier deux cordes de diamètres différents.

LOVER UN CORDAGE : Une corde doit être enroulée de cette façon, en escargot, pour que personne ne trébuche dessus ou s'y prenne les pieds.

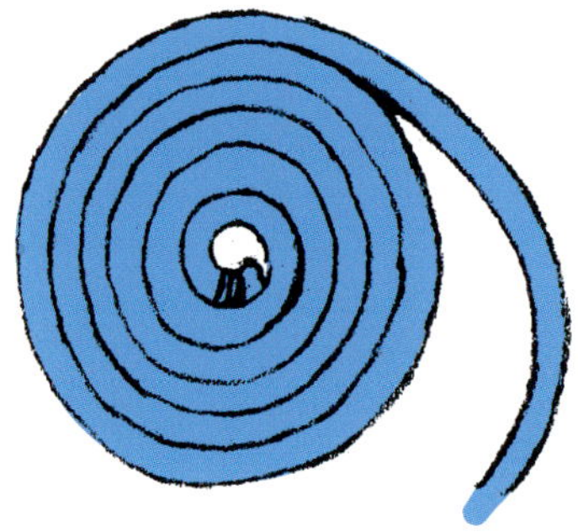

LE NŒUD DE CHAISE : Il permet de former une boucle qui ne se défait pas. Cette boucle peut être passée autour d'une bitte d'amarrage ou d'un pieu.

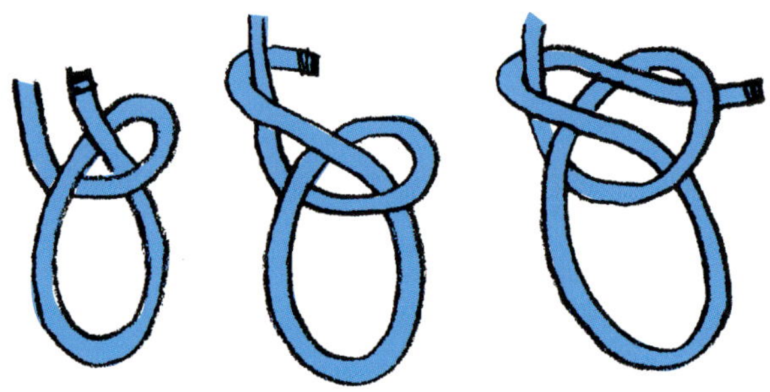

LE NŒUD DE PENDU : Il sert à lester une corde. Il est par exemple utile pour lancer une corde par-dessus une branche.

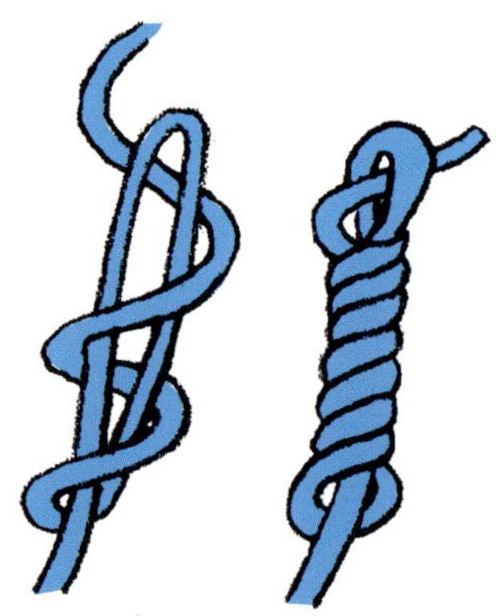

Le bonnet turc : c'est un nœud décoratif. Dans la marine, il sert à indiquer la position centrale du gouvernail. Il sert aussi à décorer la barre. Le goulot des bouteilles en verre contenant des maquettes de bateau est souvent bouché par un bonnet turc.

Ce nœud est composé de plusieurs boucles (ici, il y en a cinq), qui rappellent des pétales. Commence par former deux boucles qui se chevauchent. Il est plus simple de les placer sur un support souple et de les maintenir à l'aide d'épingles. Fais ensuite trois autres boucles. Suis le trajet du fil sur le dessin. Fais attention à l'endroit où passe ton fil sous la boucle précédente et à celui où il passe par-dessus.

Une fois que tu as terminé tes cinq boucles, fais faire une deuxième fois le trajet à ton fil. Si tu le souhaites, tu peux aussi tripler le fil.

Pour réaliser un pendentif, noue ensemble les extrémités du fil. Si tu appuies sur l'arrière du bonnet turc, le tressage se redressera et tu obtiendras une bague.

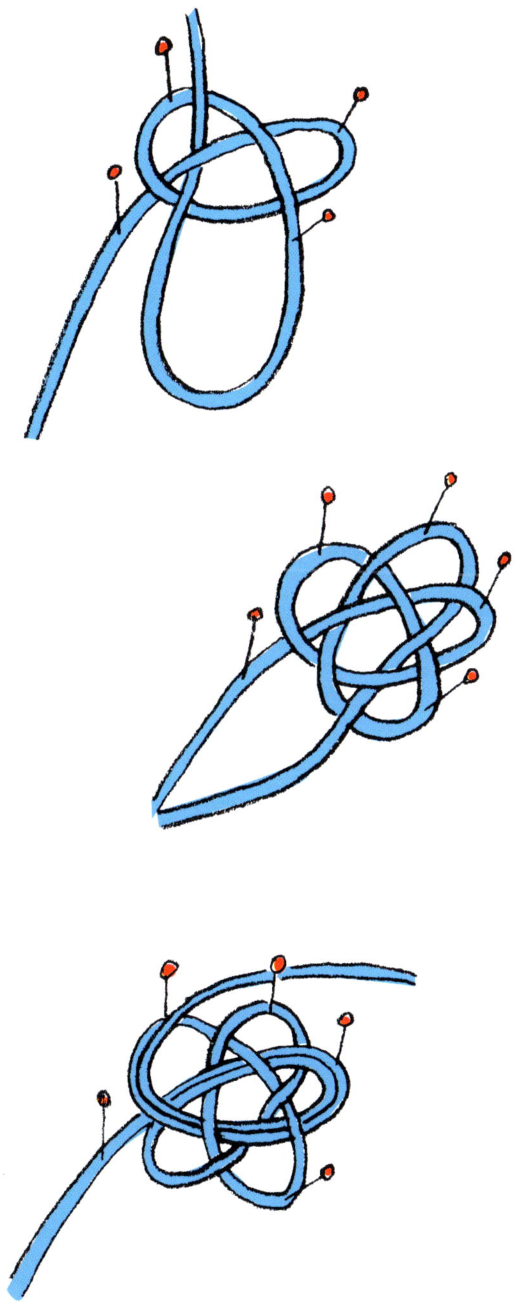

Un collier en cuir

MATÉRIEL

Lacet en cuir
Perles en bois
Ciseaux

RÉALISATION

Un lacet en cuir permet de faire un bonnet turc. Pour savoir comment procéder, reporte-toi aux instructions de la page 179. Choisis un lacet assez long pour que tu puisses le passer autour de ta tête. Enfile les deux extrémités du lacet dans une perle en bois, puis fais un nœud.

TEINDRE ET IMPRIMER

LES COLORANTS

Pour teinter soi-même des tissus en coton, il existe des colorants synthétiques que l'on trouve dans les drogueries et les magasins de loisirs créatifs. Ils sont faciles à utiliser et donnent de superbes résultats.

Il existe aussi beaucoup de colorants naturels, comme celui qui provient du bois de campêche ou celui qui est issu de la garance des teinturiers. Ces colorants font l'objet de véritables recettes, avec notamment des quantités et des températures précises. Les tissus doivent être préparés et trempés dans l'alun, qui leur permettra de mieux absorber la couleur. C'est un peu compliqué.

Nous te conseillons de faire plusieurs essais, sans suivre de recettes précises. Tu trouveras sans doute certains ingrédients dans ta cuisine.

BON À SAVOIR

Il vaut mieux laver ton tissu avant de le teinter. Pendant qu'il est plongé dans la teinture, remue-le pour qu'il n'y ait pas de zones plus colorées que les autres.

Voici quelques essais de couleur *. De gauche à droite :

RANGÉE 1 : Tissu non teinté, tissu trempé 1 heure dans du thé noir froid, tissu trempé 2 heures dans du jus de cassis.

RANGÉE 2 : Tissu trempé 2 heures dans du jus de cerise, tissu trempé 3 heures dans de l'eau froide avec beaucoup de curcuma, tissu bouilli 1 heure dans de l'eau avec du curcuma.

RANGÉE 3 : Tissus teintés avec de la garance, en portant à ébullition 3 l d'eau avec 50 g de racines de garance, puis en laissant le liquide refroidir une demi-heure. Il faut ensuite plonger le tissu dans le liquide. Résultats au bout de 30 minutes et de 2 heures.

* Ces tissus ne sont pas garantis « grand teint ».

LES BATIKS

MATÉRIEL

Tissu en coton blanc
Teintures à froid pour batiks
Ficelle
Fil
Bougie
Buvard
Torchon en coton
Cuillère en bois
Bassine en plastique

Tu sais certainement ce qu'est un batik, un tissu avec des motifs : ces derniers sont créés grâce à des ficelles ou de la cire masquant certaines parties du tissu. De cette façon, ces parties ne peuvent pas absorber la couleur et gardent leur teinte d'origine. Elles sont appelées « réserves ».

Les pays d'Asie de l'Est et du Sud-Est sont célèbres pour leurs batiks. Tu peux toi aussi obtenir de beaux résultats assez facilement.

○ Pour faire des grands cercles, enroule ton tissu autour d'une cuillère en bois, puis une ficelle autour de ton tissu.

✖ Pour faire des petits cercles, entortille ton tissu à plusieurs endroits et maintiens les tortillons à l'aide d'un fil.

○

✖

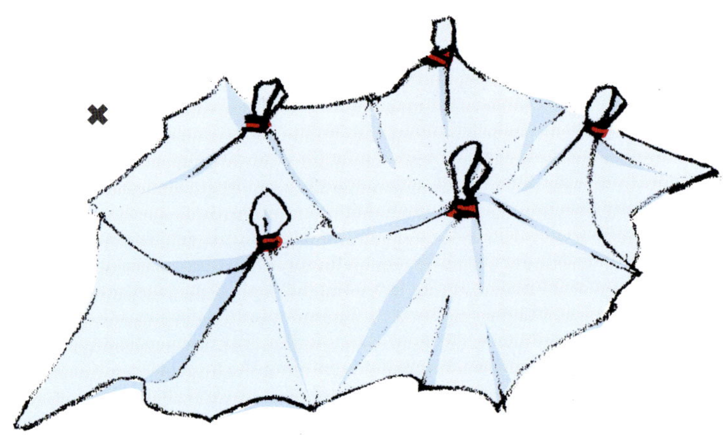

★ Pour faire des rayures, plie ton tissu plusieurs fois sur lui-même et enroule solidement un ruban autour, à plusieurs endroits.

⅄ Tu peux aussi te servir de la cire d'une bougie pour créer des réserves. Fais par exemple couler la cire en formant des ronds ou des lignes sur ton tissu. Après l'avoir teinté et une fois qu'il est sec, enlève la cire. Pour cela, recouvre ton tissu d'un buvard, puis d'un torchon en coton, et repasse-le. La chaleur fera fondre la cire, qui sera absorbée par le buvard et le torchon.

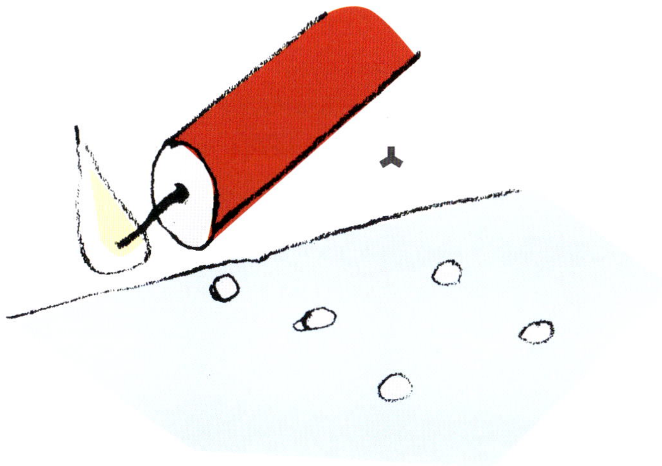

Pour teindre ton tissu, prépare une teinture en suivant les instructions du fabricant et fais tremper dedans ton tissu préparé à l'avance, pendant la durée indiquée. Si tu as fait des réserves à la cire, la teinture ne doit pas être trop chaude, sinon la cire fondra et tes efforts auront été inutiles. Après l'avoir teinté, rince ton tissu et laisse-le sécher.

Un puzzle en tissu

MATÉRIEL

Tissu en coton blanc
Teintures pour batiks
Ficelle
Bougie
Cuillère en bois
Machine à coudre
Fil à coudre
Aiguille à coudre
Épingles

RÉALISATION

- Tu as teinté plusieurs échantillons de tissu en utilisant les techniques pour créer des réserves décrites pages 186 et 187. Une fois que ces échantillons ont séché et que tu les as repassés, découpe leurs plus belles parties et place-les, en les assemblant à la façon d'un puzzle en tissu, sur un morceau de tissu plus grand. Fais en sorte qu'ils se chevauchent.

- Couds ensuite ensemble les morceaux de tissu, sur leur pourtour, au point zigzag. Tu obtiendras ainsi une étoffe originale qui te permettra de confectionner d'autres objets, comme un coussin ou un sac.

IMPRESSIONS ET PEINTURES

Tout comme le papier, les tissus peuvent être imprimés et peints. Mais les peintures utilisées sont différentes et la surface du tissu est un peu plus rugueuse que celle du papier. L'aspect des motifs imprimés et peints ne sera donc pas le même que sur un papier lisse.
Il existe des peintures et des crayons de couleur spécifiques pour le tissu. Souvent, les peintures pour tissus doivent être fixées en repassant l'étoffe une fois qu'elles ont séché, afin qu'elles ne se décolorent pas au lavage. Regarde les instructions du fabricant sur l'emballage.
Les tissus peuvent aussi être teintés avec des encres à tampons, mais elles ne résistent pas toujours au lavage. Tu dois donc savoir à l'avance si les tissus que tu veux teindre à l'encre devront être lavés ou non.

RANGÉE 1 : Pour réaliser des impressions à l'éponge de ce type, découpe des morceaux d'éponge de différentes tailles, trempe-les dans un peu de peinture pour tissus, tamponne-les sur du papier absorbant pour enlever l'excès de peinture, puis presse-les sur ton tissu. Tu peux aussi te servir de Scotch de masquage pour protéger certaines zones du tissu : fais tes impressions, puis retire le Scotch.

RANGÉE 2 : Pour imprimer, différents objets et matériaux peuvent servir de tampon. Tu peux par exemple utiliser des bouchons de bouteille, des morceaux de grillage fin, des Coton-Tige, des gommes, des petits morceaux de feutrine découpés…

RANGÉE 3 : La mousse caoutchouc permet de créer des tampons de la forme que tu veux : des bandes toutes simples, comme tu peux le voir ici, mais aussi des ronds, des fleurs, des poissons, etc. Tu peux aussi te servir d'un crayon à papier bien taillé pour graver des motifs dans la mousse caoutchouc. Ces motifs ne seront pas recouverts de peinture et apparaîtront en blanc quand tu auras terminé tes impressions.

RANGÉE 4 : Ici, les tissus ont été imprimés à l'aide de tampons encreurs. Les couleurs sont un peu plus pâles qu'avec de la peinture. Le résultat paraît donc plus subtil, comme le montrent les deuxième et troisième cartes à partir de la gauche.

RANGÉE 5 : Des crayons de couleur pour tissus permettent de faire des traits ou de colorier des surfaces. Contrairement aux feutres classiques, ils ne débordent pas.

UNE IMPRESSION À LA FEUTRINE

MATÉRIEL

Tissu en coton blanc
Peintures pour tissus
Bandes de feutrine épaisse
Buvard
Assiette en carton

Ces images ont été imprimées à l'aide de bandes de feutrine épaisse.

RÉALISATION

- Place un peu de peinture pour tissus sur une assiette en carton. Trempe une bande en feutrine dedans et pose-la sur un buvard, pour enlever l'excès de peinture.

- Applique-la ensuite sur ton tissu. En courbant tes bandes de feutrine, tu peux tracer des lignes sinueuses et donner une impression d'espace.

◀ Arbre : Sophie, 13 ans

Montgolfière : Angèle, 13 ans
Poisson : Marie, 12 ans
La mer : Khadidja, 8 ans ▶

Des étiquettes

MATÉRIEL
Tissu en coton blanc
Crayons de couleur pour tissus
Ciseaux

Dans l'industrie textile, les étiquettes indiquent le nom de la marque des vêtements. Tu peux créer aussi de jolies étiquettes pour « signer » tes propres créations textiles.

RÉALISATION

- Avec des crayons de couleur pour tissus, tu peux dessiner ta propre étiquette. Pour cela, il te faut un tissu en coton blanc, dans lequel tu découperas des petits rectangles.

- Dessine dessus, avec les couleurs de ton choix, des animaux familiers, les aliments que tu préfères, des motifs, des lettres, des symboles, des traits, ou bien colorie simplement ton rectangle…

Bon à savoir

Tu peux coudre ton étiquette à la façon d'un appliqué ou sur le bord de l'une de tes créations. Pour savoir comment faire, reporte-toi à la page 65.

▲ Étiquettes :
Aline, 8 ans
Khadidja, 8 ans
Marie, 12 ans
Louise, 8 ans
Angèle, 13 ans

DANS LA MER

TRAVAIL DE GROUPE

MATÉRIEL

Tissu blanc
Mousse caoutchouc
Feutre
Ciseaux
Bouchons de liège
Cubes en bois
Colle universelle
Peintures pour tissus
Pinceau
Éponge

RÉALISATION

- Plusieurs enfants peuvent participer à la réalisation de cette image. Dessinez sur de la mousse caoutchouc des poissons, des moules, des coraux, des seiches, des plantes aquatiques et même un coffre au trésor.

- Découpez les formes dessinées et collez-les sur des cubes en bois ou des bouchons coupés en deux.

- Enduisez les tampons de peinture pour tissus et appliquez- les sur le tissu. Le fond sera tamponné à l'éponge.

Univers aquatique : Zoé et Max, 9 et 11 ans ▶

Un vieux Marabout

MATÉRIEL

Plaque de linoléum
Couteau de linogravure
Plaque de verre ou de plastique
Rouleau à encre
Peintures pour tissus
Feutre
Tissu blanc

RÉALISATION

- Dessine ton motif sur une plaque de linoléum. Il vaut mieux que tu te limites à faire les contours, pour que ton motif soit facile à graver.

- Creuse les contours de ton motif avec un couteau de linogravure. Travaille toujours vers l'extérieur, pour ne pas te blesser. La main que tu n'utilises pas doit se trouver derrière le couteau, car celui-ci pourrait glisser et te blesser.

- Place un petit pâté de peinture sur une plaque de verre ou de plastique. Passe ton rouleau plusieurs fois sur la peinture, afin de bien l'enduire. Roule-le ensuite sur la plaque de linoléum.

- Pose le côté de ta plaque de linoléum enduit de peinture sur ton tissu. Appuie fermement afin que la couleur imprègne le tissu. Retourne la plaque et le tissu, puis retire délicatement ce dernier. Si le résultat te plaît, laisse bien sécher ton motif imprimé.

- Pour finir, fixe la couleur en repassant ton tissu.

IMPRESSIONS EN SÉRIE

Une impression en série est la répétition d'un motif imprimé. Il est très amusant d'imaginer ses propres motifs, par exemple :

- Une forme simple d'une seule couleur…
- … suivie d'une deuxième forme,
- d'une deuxième couleur…
- … et éventuellement d'une troisième couleur.
- Ensuite, tu peux répéter ces formes et ces couleurs en créant différentes combinaisons.

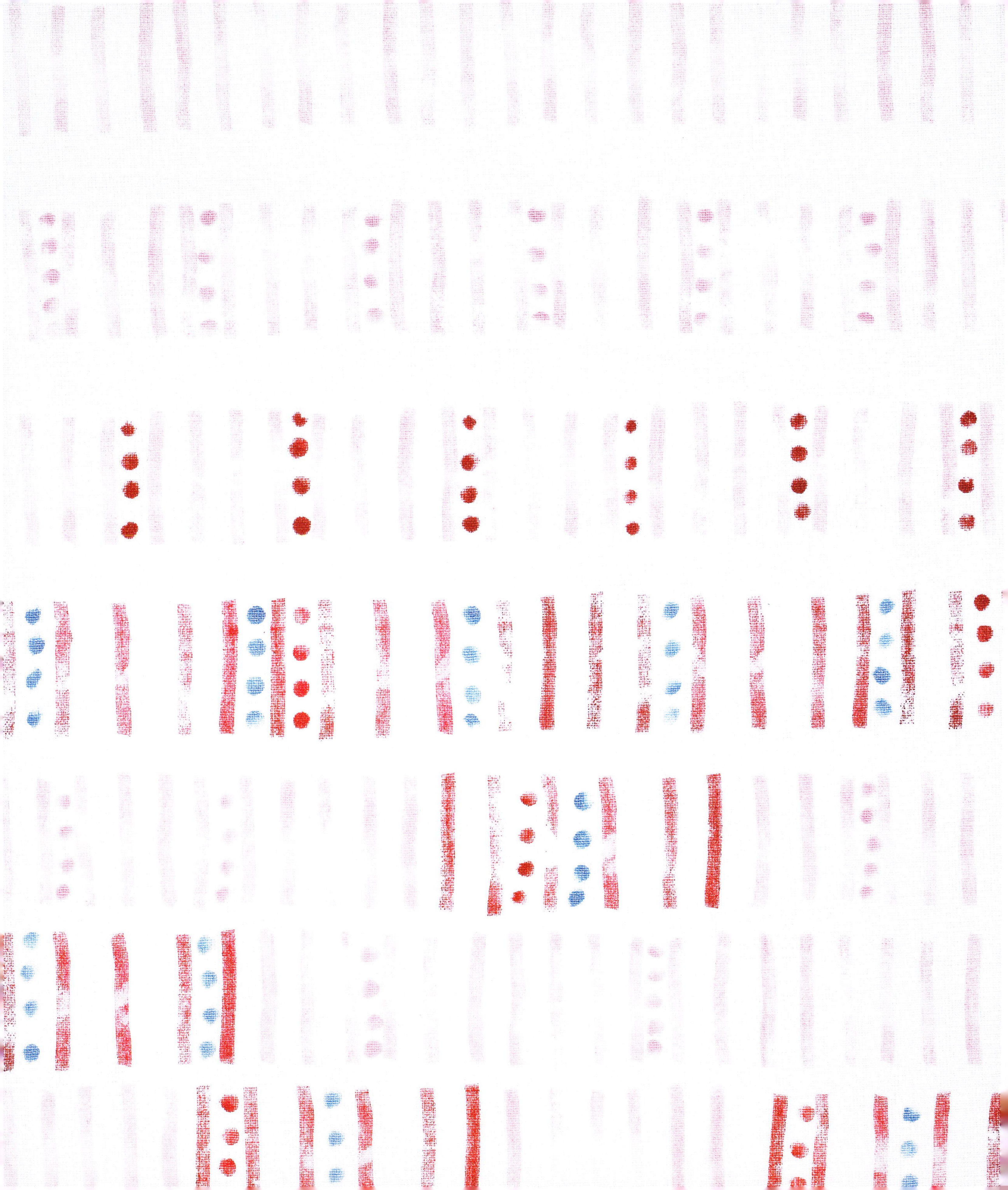

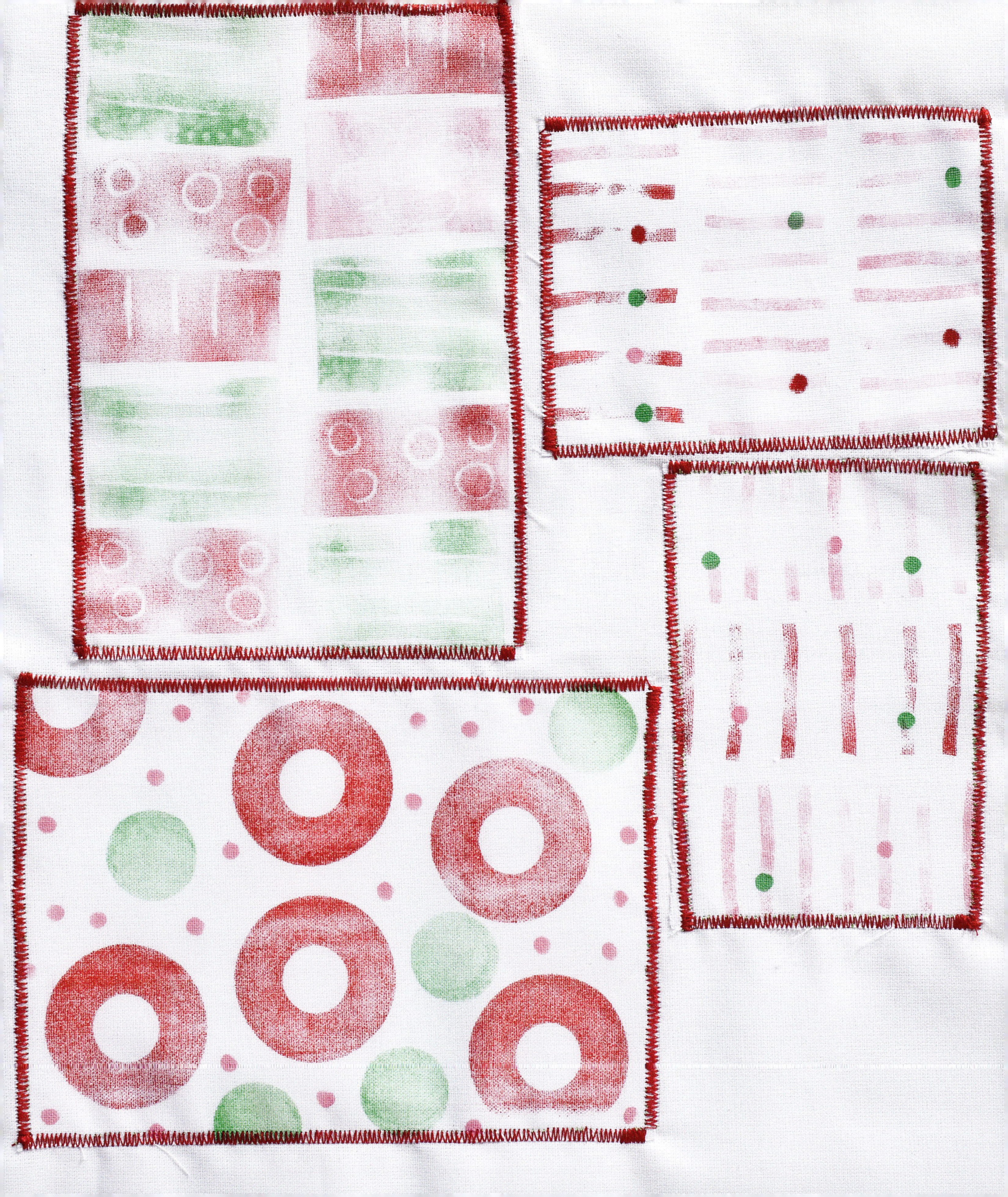

Atelier d'impression

MATÉRIEL

Tissu en coton blanc
Peintures pour tissus
Mousse caoutchouc épaisse
Matériaux d'impression (joints et Coton-Tige par exemple)
Crayon à papier bien taillé

RÉALISATION

Il suffit de peintures spéciales et de quelques petits objets pour concevoir et imprimer ses propres collections de tissus. Voici trois exemples très différents, même s'ils sont composés de couleurs identiques.

○ Ici, la couleur a été appliquée avec un joint, des Coton-Tige et un disque de mousse caoutchouc.

✖ Ce tissu a été imprimé avec des rectangles de mousse caoutchouc sur lesquels des motifs ont été gravés à l'aide d'un crayon à papier. Les rectangles servent de tampons. Après l'application de la peinture, il vaut mieux l'enlever des sillons gravés, à l'aide d'un crayon à papier. De plus, il est conseillé d'appliquer les tampons sur du papier absorbant avant d'imprimer le tissu, afin qu'il n'y ait pas d'excès de peinture. Cela donne un aspect légèrement délavé à la couleur.

✚ Pour faire ce motif, tu auras seulement besoin d'un Coton-Tige et d'une bande de mousse caoutchouc.

FEUTRER LA LAINE CARDÉE

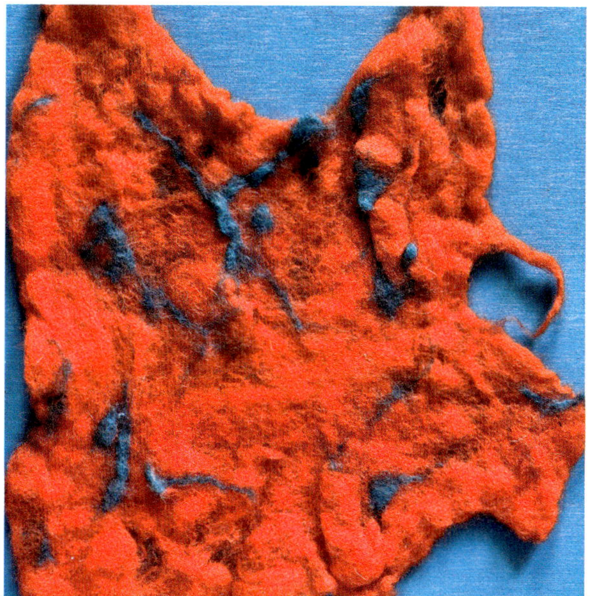

LE FEUTRAGE À L'EAU

La laine cardée est la laine du mouton qui n'a pas été filée. Elle est vendue en pelotes de différentes couleurs, dans les merceries ou magasins de loisirs créatifs. Tu vas apprendre à la feutrer de deux façons : à l'eau ou à l'aiguille.

Le feutrage à l'eau permet de transformer cette laine souple et aérée en une matière dense et rigide, en agglomérant de façon définitive ses fines fibres.

Trois éléments sont indispensables pour feutrer la laine à l'eau : la chaleur, la lessive et le mouvement.

TON PLAN DE TRAVAIL : Il te faut une grande serviette, un tapis en caoutchouc (par exemple un tapis de sol pour voitures), une natte pour sushis, du savon de Marseille ou de la lessive liquide, une grande bassine, un verre doseur, une cuillère en bois, de l'eau très chaude et de la laine cardée.

Pose ta serviette, pliée en deux ou en trois, sur ton plan de travail. Enroule son bord supérieur de façon qu'il soit assez haut. Ainsi, l'eau ne pourra pas couler derrière ton plan de travail. Garde une autre serviette à portée de main. Pose ton tapis en caoutchouc sur la serviette étalée, et ta grande bassine à côté.
Mesure 1 litre d'eau avec ton verre doseur. Il faut qu'elle soit très chaude, mais tu dois pouvoir y mettre les mains. Verse dedans 1 cuillerée à soupe de savon liquide et mélange bien.

DES BOULES DE FEUTRE : Fais un nœud sur une mèche de laine cardée et entortille la mèche autour. Entoure ensuite le tout avec une deuxième mèche de laine, dans le sens opposé, comme si tu confectionnais une pelote. Verse maintenant la lessive dans la grande bassine, prends la pelote sans trop la serrer entre tes mains et plonge-la dans la lessive. Laisse-la jusqu'à ce qu'elle ne libère plus de bulles d'air.
Sors la pelote de la bassine et aplatis les flocons de laine qui se sont formés autour, pour lisser ta boule.

Procède maintenant au feutrage de la laine. Fais passer avec précaution ta pelote d'une main à l'autre. Roule-la ensuite entre tes paumes. Au début, n'appuie pas trop fort. La boule va se solidifier et tu pourras progressivement appuyer plus fort. Continue de la pétrir en la faisant rouler entre tes mains et en exerçant une pression de plus en

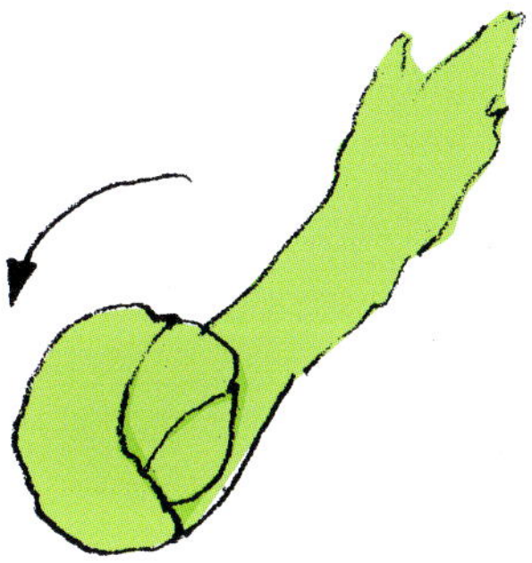

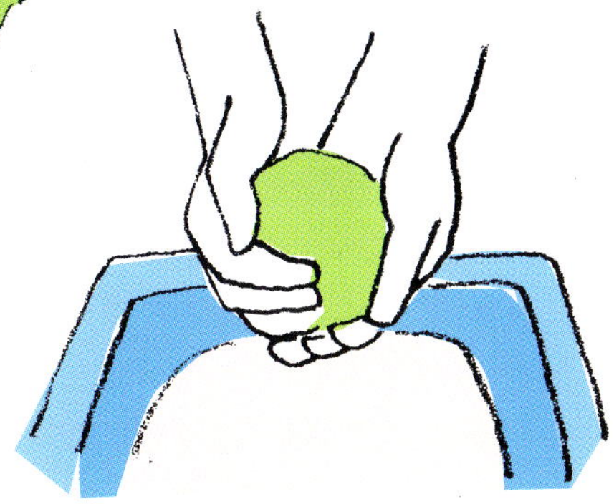

plus forte, comme s'il s'agissait d'une pâte. La pelote va se transformer en une boule bien ferme. Pour finir, rince ta boule sous le robinet, presse-la légèrement et laisse-la sécher sur une serviette.

DES FILS EN FEUTRE : Prends une mèche de laine et fais-la rouler entre tes deux paumes. Trempe-la ensuite dans la lessive très chaude, puis roule-la à nouveau entre tes mains, doucement pour commencer, puis en appuyant de plus en plus fort.

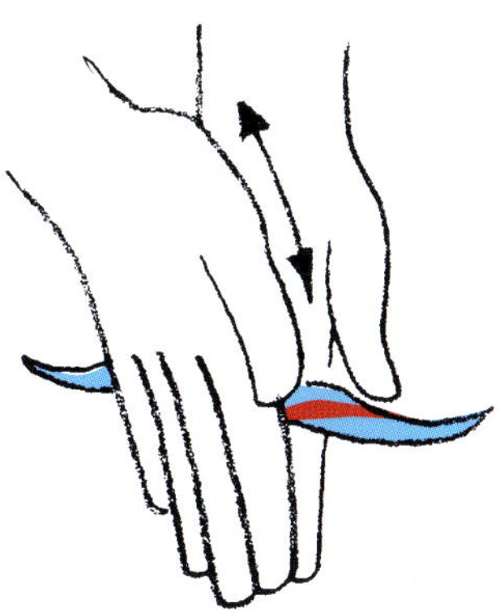

DES PIÈCES DE TISSU FEUTRÉ : Tu peux feutrer des surfaces de tissu planes en utilisant la technique du rouleau. Pose ta natte pour sushis sur le tapis en caoutchouc et dispose dessus deux fines couches de mèches de laine, ou davantage.

Les mèches doivent se chevaucher légèrement, comme des tuiles. Dispose une autre couche de mèches de laine par-dessus, en les plaçant perpendiculairement aux premières. Verse un peu de lessive sur la laine et masse-la légèrement avec tes mains, en faisant des mouvements circulaires.

Enroule la natte pour sushis sur elle-même, puis fais-la rouler d'avant en arrière. Procède d'abord doucement, puis appuie de plus en plus fort et va de plus en plus vite. Déplie la natte pour sushis afin d'observer le résultat du feutrage : celui-ci est terminé quand le tissu devient difficile à étirer.

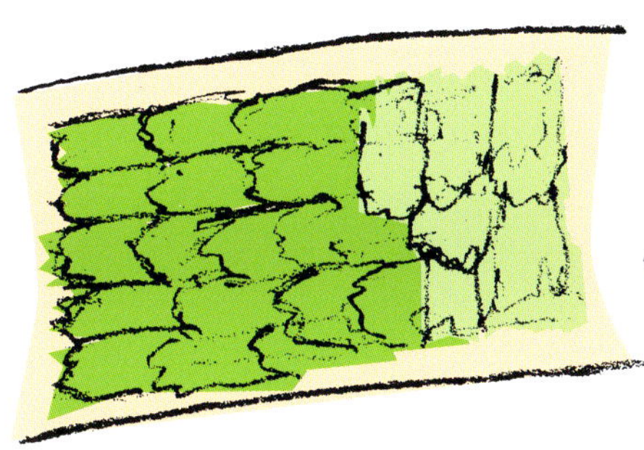

BON À SAVOIR

La laine feutrée rétrécit d'environ 30 % de sa taille. Au début, il faut donc couvrir une assez grande surface avec les mèches de laine.
Un bon rinçage est indispensable pour bien conserver ta laine feutrée.

Boules, fils et pièces de tissu

MATÉRIEL

Laine cardée
Savon de Marseille ou lessive liquide
Tapis en caoutchouc
Natte pour sushis

RÉALISATION

- Sur les pages 206 et 207, tu as découvert d'importantes techniques de feutrage à l'eau de la laine. Essaie de faire des boules, des pièces de tissu et des fils feutrés, avec des couleurs, des tailles et des épaisseurs différentes. Tu sentiras vite de quelle manière il faut pétrir ou presser la laine et si le processus de feutrage est bien avancé ou non.

- Si tu utilises des mèches de laine de différentes couleurs pour réaliser tes boules, tes fils ou tes pièces de tissu, tu obtiendras de jolis effets marbrés.

Bon à savoir

Pour apprendre à feutrer la laine dans la machine à laver, consulte la page 29.

UN TABLEAU EN LAINE FEUTRÉE

MATÉRIEL

Laine cardée
Savon de Marseille ou lessive liquide
Tapis en caoutchouc

RÉALISATION

- Pour fabriquer des formes en laine feutrée, étale des mèches de laine, arrose-les de savon liquide et masse-les légèrement. Les fibres se resserrent. Une fois que la laine a séché, découpes-y des formes comme des ronds, des triangles, des fleurs, des poissons…

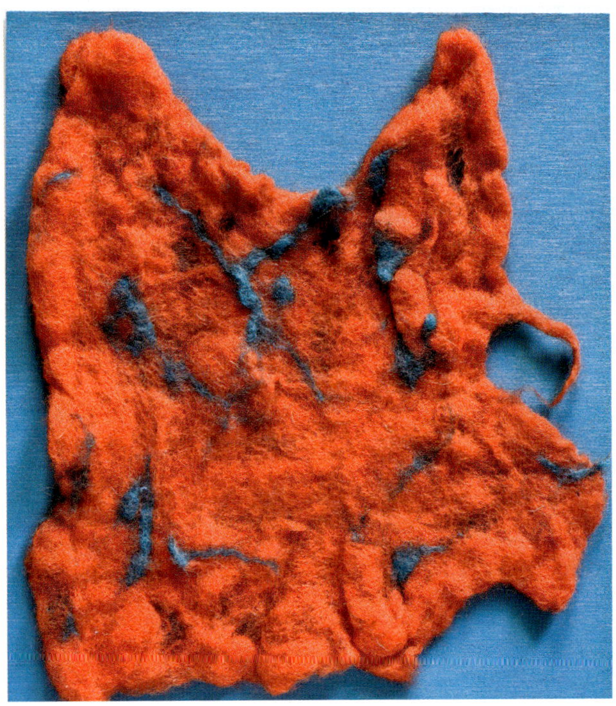

- Place les formes que tu as créées sur de la laine cardée disposée en plusieurs couches et arrosée de savon liquide. Pour éviter que tes formes ne glissent pendant le feutrage, n'enroule pas la laine dans une natte pour sushis. Frotte-la du plat de la main, d'abord doucement, puis en exerçant une pression plus forte.

- Une fois que la pièce de laine est feutrée et que les formes que tu y as intégrées ne peuvent plus bouger, retourne-la. Masse l'autre côté, d'abord doucement, puis plus fort.

- Pétris ensuite avec tes deux mains, comme s'il s'agissait d'une pâte. C'est assez long. Une fois que la pièce de laine ne rétrécit plus et qu'elle semble bien solide, ton travail est terminé. Il faut alors la rincer sous le robinet et la laisser sécher.

◀ Cette pièce de laine feutrée a été réalisée par frottement, sans utiliser de natte pour sushis. Quelques mèches de laine bleue lui donnent un effet marbré.

Tableau en laine feutrée :
Léna, 9 ans ▶

DES OBJETS CREUX

Les objets creux comme les sacs, les chaussures ou les pots sont constitués d'une seule pièce de feutre, sans coutures, et comportent une ouverture.

Pour en réaliser, il te faut un plan de travail aménagé de la manière indiquée page 206. Tu auras aussi besoin d'une feuille de plastique rigide (par exemple la couverture plastifiée d'une chemise) et de ciseaux. Découpe un gabarit dans la feuille de plastique : il peut avoir la forme d'une pantoufle ou d'un sac par exemple.

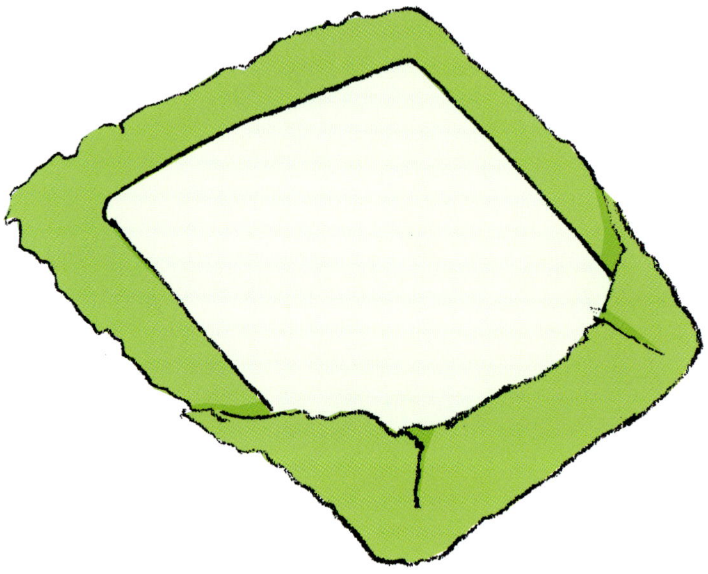

Pose sur ta natte pour sushis ou ton tapis en caoutchouc une couche de mèches de laine, en les serrant bien, et verse dessus un peu de lessive. Attention, les bords ne doivent pas être mouillés. Pose ton gabarit sur la couche de laine, retourne ton ouvrage, rabats les bords de la laine sur le gabarit, puis humidifie-les.

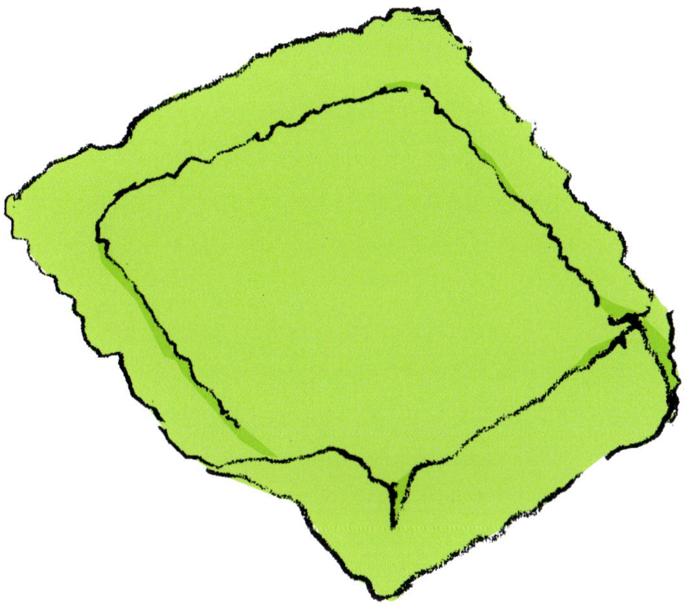

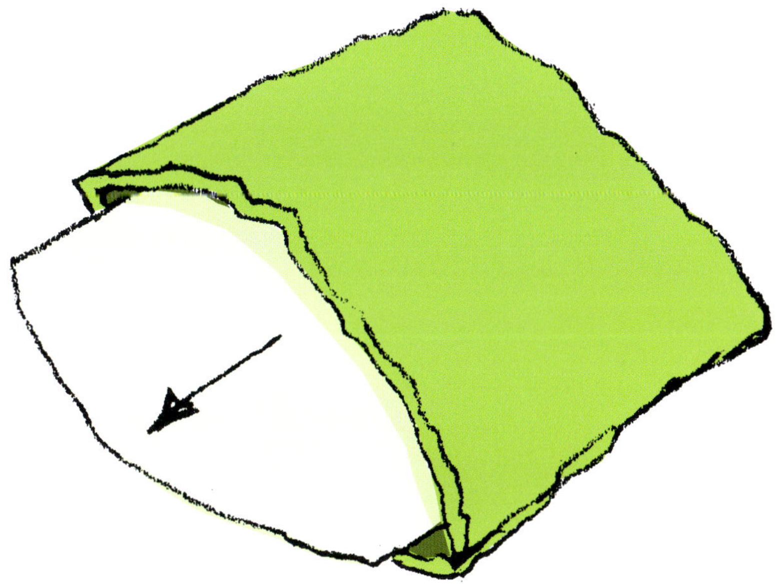

Pose une couche de mèches de laine sur le second côté de ton gabarit et humidifie-la, sans mouiller les bords. Retourne ensuite ton ouvrage, rabats les bords et humidifie-les. Le gabarit est maintenant complètement enveloppé de laine.

Fais feutrer la laine, de préférence en la frottant (voir page 210). Ainsi, elle se resserrera autour du gabarit. Travaille des deux côtés de celui-ci.

Une fois que tu as terminé de feutrer la laine, découpe ton ouvrage sur le haut pour enlever le gabarit. Tu peux ensuite continuer à pétrir la laine, mais en faisant attention à ne pas assembler les deux faces de ton ouvrage en les feutrant.

Des chaussures de poupées

MATÉRIEL

Laine cardée
Feuille de plastique rigide
Ciseaux
Savon de Marseille ou lessive liquide
Tapis en caoutchouc

RÉALISATION

- Découpe un gabarit en forme de semelle dans une feuille de plastique rigide. Ton gabarit doit être plus grand que le pied de ta poupée (ajoute un tiers de sa taille), car le feutrage fera rétrécir la laine. Si tu crées une semelle en pointe vers l'avant, tu obtiendras des pantoufles turques.

- Fabrique des chaussures en les faisant feutrer comme c'est expliqué sur les pages précédentes. Pour les décorer, tu peux utiliser des mèches de laine d'une autre couleur.

- Une fois que les chaussures sont feutrées, coupe-les sur le dessus pour retirer le gabarit, puis laisse la laine sécher.

- Pour terminer, tu peux coudre des rubans ou des boutons sur tes chaussures et surfiler leur ouverture au point de surjet (voir page 35).

FEUTRER LA LAINE CARDÉE

AVEC UNE AIGUILLE À FEUTRER

Avec une aiguille à feutrer, il est inutile de se servir de lessive. On parle donc de feutrage à sec.

Pour feutrer de la laine à l'aiguille, il faut un bloc de mousse, de la laine cardée et une aiguille à carder comportant plusieurs pointes et un manche en bois. Étale de la laine sur le bloc de mousse et pique de façon répétée dans les mèches : les fibres de la laine vont s'emmêler et tu obtiendras un feutre de plus en plus dense. Détache régulièrement la laine du bloc de mousse, retourne-la et travaille-la de l'autre côté.

Tu peux :

- Feutrer des surfaces unicolores.
- Intégrer de fines mèches de laine d'une autre couleur, pour obtenir un effet bigarré. Le support ne doit alors pas être trop dur.
- Feutrer deux laines de couleurs différentes en les faisant se chevaucher légèrement.
- Laisser dépasser des fibres de laine non feutrées.
- Créer des fleurs en feutre. Commence par faire feutrer une petite surface, puis pose une mèche de laine d'une autre couleur au centre de cette surface et travaille la mèche avec ton aiguille à feutrer. Le centre de la fleur deviendra plus rigide et les bords onduleront comme des pétales.

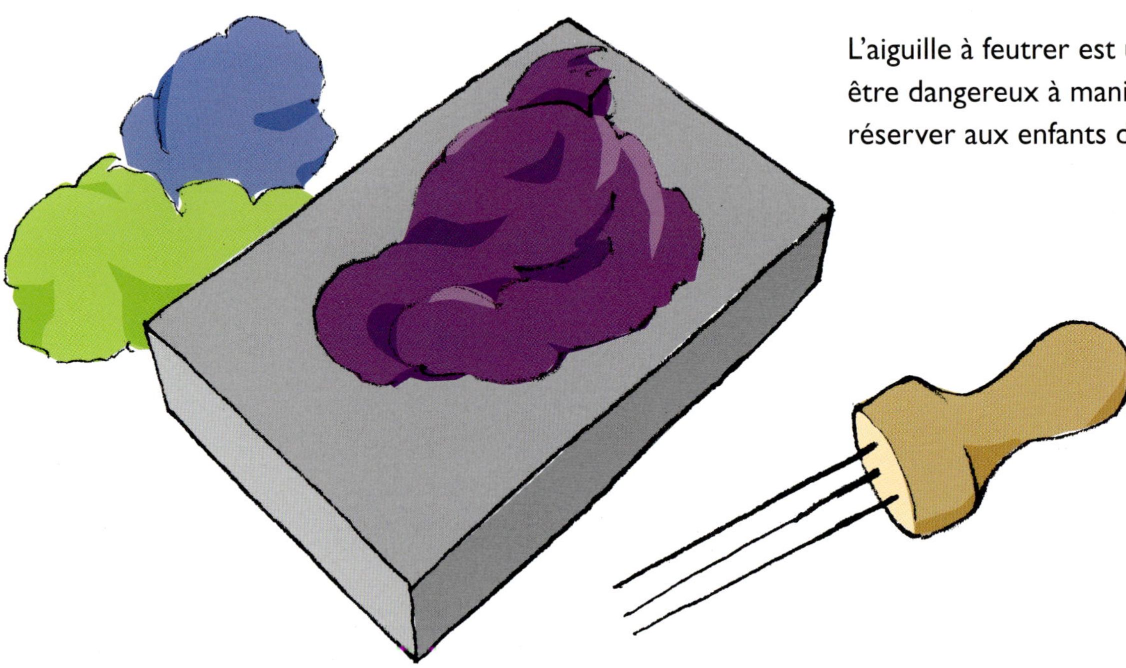

L'aiguille à feutrer est un outil pointu qui peut être dangereux à manier. Cette activité est à réserver aux enfants de plus de 10 ans.

AVEC UNE AIGUILLE À FEUTRER

DES DÉCORATIONS EN LAINE

MATÉRIEL

Laine cardée
Morceau de feutre pour le support
Aiguille à feutrer
Bloc de mousse
Stylo-feutre
Carton
Ciseaux ou cutter

Une aiguille à feutrer permet de créer et d'appliquer en même temps, une décoration en laine sur un support souple, comme le feutre par exemple.

RÉALISATION

- Dessine ton motif sur du carton et découpe-le à l'aide de ciseaux ou d'un cutter.
- Pose ensuite ton patron en carton sur ton support. Reporte son contour au stylo-feutre.
- Place le feutre sur le bloc de mousse puis la laine cardée sur le feutre, dans l'emplacement délimité. Commence à la travailler avec une aiguille à feutrer (voir page 216). Travaille sur toute la surface du motif. Ta décoration est maintenant fixée sur son support et bien rigide.

▲ Les décorations de ces deux pages viennent du Kirghizistan, où l'on fabrique depuis longtemps des objets en feutre.

L'aiguille à feutrer est un outil pointu qui peut être dangereux à manier. Cette activité est à réserver aux enfants de plus de 10 ans.

INDEX

Achevé d'imprimer en janvier 2011.